强化工程能力提升的专业学位硕士研究生应用型人才培养模式的研究与实践

——以船舶与海洋工程领域为例

于利民　孙洪源　著

中国水利水电出版社
www.waterpub.com.cn
·北京·

内 容 提 要

本书在进行多项教育教学课题的研究基础上,对专业学位硕士研究生应用型人才培养模式进行总结凝练,针对专业学位硕士研究生应具备的工程能力,从培养模式、培养过程、校企合作、质量评价、专业特色等多个方面入手,经4年山东交通学院船舶与海洋工程领域工程硕士培养的实践,总结出了强化工程能力提升的硕士研究生应用型人才培养模式,并获第八届山东省高等教育教学成果一等奖。本书以船舶与海洋工程领域工程硕士的培养为例,详细论述了培养方案的制定、课程体系建设、课程实施方案、师资队伍建设、实践基地建设、教学方法创新、典型课程建设与改革、管理体制与运行机制创新等内容。本书涉及面较广、内容翔实,能够为我国专业学位研究生培养提供参考与帮助。

图书在版编目(C I P)数据

强化工程能力提升的专业学位硕士研究生应用型人才培养模式的研究与实践 : 以船舶与海洋工程领域为例 / 于利民,孙洪源著. -- 北京 : 中国水利水电出版社,2020.6

ISBN 978-7-5170-8628-4

Ⅰ. ①强… Ⅱ. ①于… ②孙… Ⅲ. ①工科(教育)-研究生-人才培养-研究-中国②船舶工程-研究生-人才培养-研究-中国③海洋工程-研究生-人才培养-研究-中国 Ⅳ. ①G643②U66③P75

中国版本图书馆CIP数据核字(2020)第110873号

策划编辑:杜 威	责任编辑:张玉玲	封面设计:李 佳

书 名	强化工程能力提升的专业学位硕士研究生应用型人才培养模式的研究与实践——以船舶与海洋工程领域为例 QIANGHUA GONGCHENG NENGLI TISHENG DE ZHUANYE XUEWEI SHUOSHI YANJIUSHENG YINGYONGXING RENCAI PEIYANG MOSHI DE YANJIU YU SHIJIAN——YI CHUANBO YU HAIYANG GONGCHENG LINGYU WEI LI
作 者	于利民 孙洪源 著
出版发行	中国水利水电出版社 (北京市海淀区玉渊潭南路 1 号 D 座 100038) 网址: www.waterpub.com.cn E-mail: mchannel@263.net(万水) 　　　 sales@waterpub.com.cn 电话:(010) 68367658(营销中心)、82562819(万水)
经 售	全国各地新华书店和相关出版物销售网点
排 版	北京万水电子信息有限公司
印 刷	三河市华晨印务有限公司
规 格	170mm×240mm 16 开本 12 印张 188 千字
版 次	2020 年 6 月第 1 版 2020 年 6 月第 1 次印刷
印 数	0001—3000 册
定 价	58.00 元

前　言

本书依托多项山东省研究生教育教学课题，经山东交通学院"服务国家特殊需求人才培养项目"的探索与实践，对专业学位硕士研究生应用型人才培养模式进行总结凝练，针对如何强化专业学位硕士研究生工程能力，从培养模式、培养过程、校企合作、质量评价、课程改革、师资建设、机制创新等多个方面入手，经过 7 年研究和 4 年实践，形成了强化工程能力提升的硕士研究生应用型人才培养模式。

本书所提出的培养模式为专业学位硕士研究生的培养提供了示范，具有重要的推广价值，其中"螺旋式提升"培养模式、"项目驱动式"课程体系及游艇邮轮工程硕士人才培养方面在国内领先。

附录列出了山东交通学院在硕士研究生培养方面制定的相关规定及本书所依托的教学研究项目和主要参与人员。

在本书编写过程中，得到了作者所在单位有关领导及项目组成员的大力支持与帮助，在此表示衷心的感谢。

由于时间仓促及作者水平有限，书中难免与不当之处，敬请读者批评指正。

作　者

2020 年 3 月

目　　录

绪　论

　　2011 年 8 月，国务院学位委员会颁布的《关于开展"服务国家特殊需求人才培养项目"试点工作的意见》（学位〔2011〕13 号）开启了新一轮研究生教育的探索性改革工程。同年，山东交通学院被国务院学位委员会批准为山东省唯一一所"服务国家特殊需求人才培养项目"工程硕士专业学位研究生试点单位。2013 年 3 月教育部、国家发展改革委、财政部提出了《关于深化研究生教育改革的意见》（教研〔2013〕1 号），意见指出：创新人才培养模式；建立以提升职业能力为导向的专业学位研究生培养模式；面向特定职业领域，培养适应专业岗位的综合素质，形成产学结合的培养模式；引导和鼓励行业企业全方位参与人才培养，充分发挥行业和专业组织在培养标准制定、教学改革等方面的指导作用，建立培养单位与行业企业相结合的专业化教师团队和联合培养基地。

　　山东交通学院结合前期研究与实践基础，针对专业学位硕士研究生工程实践能力不足、课程体系设置与工程需求脱节、校企合作不深入、培养方向缺少特色等问题，创新了"强化工程能力提升的硕士研究生应用型人才培养模式"，2018 年 1 月获山东省省级教学成果一等奖（图 0-1）。

1. 成果简介

　　本成果在调研专业学位硕士研究生应具备的工程能力的基础上，结合山东交通学院"服务国家特殊需求人才培养项目"的实践，针对专业学位硕士研究生培养过程中所遇到的"人才培养与行业需求脱节，专业学位与学术学位培养模式同质化"等问题，依托山东省研究生教育创新计划项目"船舶与海洋工程领域工程硕士'螺旋式提升'工程能力的培养模式研究"和"面向服务国家特殊需求的专业学位研究生培养模式创新与质量保障体系研究"，形成了"强化工程能力提升的硕士研究生应用型人才培养模式研究与实践"教学成果，并获第八届山东省高等教育教学成果一等奖。

山东省省级教学成果奖获奖证书

获 奖 成 果：强化工程能力提升的硕士研究生创新应用型人才培养模式研究与实践

获 奖 者：于利民、孙洪源、桂洪斌、朱爱民、彭欣、周军伟、高博、滕瑶、
丁刚、陈哲、梅敬成、曹爱霞、梅蕾、陈占阳、马强

获 奖 等 级：一等奖

主要完成单位：山东交通学院、哈尔滨工业大学（威海）

证 书 号：GJ20180215

山东省省级教学成果评审委员会
二〇一八年一月二十七日

图 0-1 山东省省级教学成果一等奖证书

全国船舶与海洋工程专业学位研究生教育协作组与山东省船舶工业行业协会共同组织成果鉴定会，专家组对成果给出很高评价，鉴定结论为：对专业学位硕士研究生的培养提供了示范，具有重要的推广价值，达到国内先进水平，其中在"螺旋式提升"培养模式、"项目驱动式"课程体系及游艇邮轮工程硕士人才培养方面国内领先。并经山东省科学院情报研究所查新，验证了创新性。

经过 7 年研究和 4 年实践，山东交通学院以工程能力强化提升为宗旨，基于产教融合的思想实施校企合作共建研究生联合培养教育基地，紧紧围绕培养目标优化培养方案，构建了"项目驱动式"课程体系；以科研和生产实践项目为载体实行校企交替的"螺旋式提升"培养模式，建立了以"四个一"为目标的"四维一体"校企合作培养机制；打造了游艇邮轮工程方向专业学位硕士研究生的培养特色。有效提升了研究生工程能力和综合素质，并经多所高等院校和多家企业推广应用，取得了良好的效果。成果主要内容如图 0-2 所示。

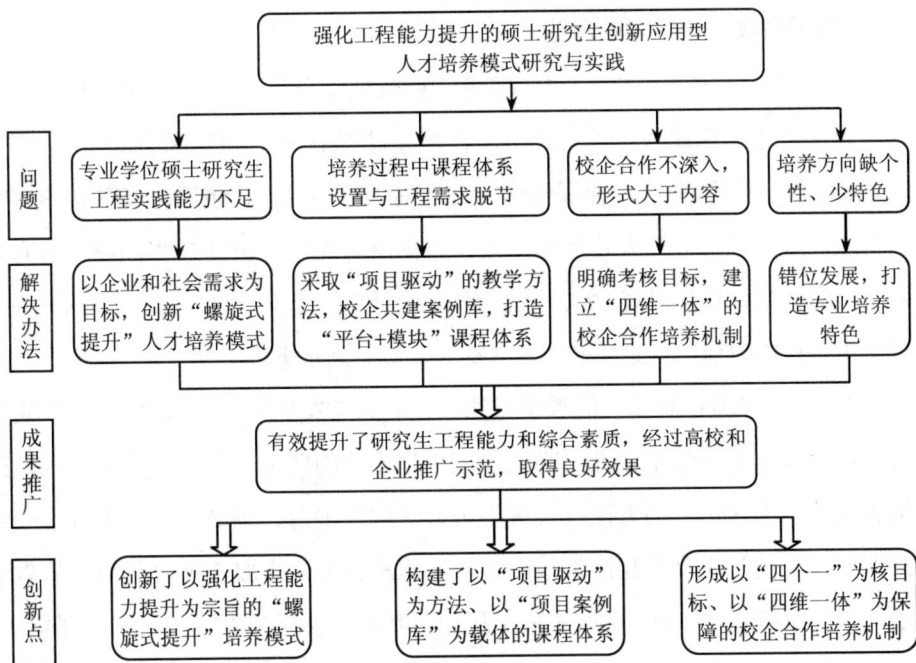

图 0-2 成果主要内容

2. 成果主要解决的教学问题

（1）解决了专业学位硕士研究生工程实践能力不足的问题。多数专业学位硕士研究生人才培养模式沿用学术型硕士研究生的培养模式，重学术、轻实践，不能体现工程硕士的应用型特色，不能满足培养高水平应用型人才的要求。

（2）解决了培养过程中课程体系设置与工程需求脱节的问题。原有专业硕士课程体系主要按照学术体系设置，导致所培养的研究生不能适应工程需求，必须有效整合校内外多方面资源，构建适应企业、行业需求的课程体系。

（3）解决了校企合作不深入、形式大于内容的问题。工程硕士研究生的培养需要校企联合参与，但很多联合培养基地建设流于形式，重签约、少培育，未充分发挥校外导师和联合培养基地的作用。

（4）解决了培养方向缺个性、少特色的问题。打造专业特色是提升竞争力和知名度的重要手段，必须结合本校优势和基础，结合行业和社会需要，错位发展，打造鲜明的办学特色。

3. 成果解决教学问题的方法

（1）以企业和社会需求为目标，创新"螺旋式提升"人才培养模式。根据企业和社会发展需求，明确人才培养定位，在培养过程中充分发挥工程硕士的应用型特色，结合学生发展个性，选择和确定合适的工程项目，校企双方交替培养研究生，形成"螺旋式提升"人才培养模式。如我校研究生分别参与"400 呎①自升式钻井平台的轻量化软件研究""豪华游艇优化设计"等工程项目，完成项目的同时，实现学生工程能力和综合素质的螺旋式提升，满足高水平应用型人才的要求。

（2）采取"项目驱动"的教学方法，校企共建案例库，打造"平台+模块"课程体系。按照新形势下企业对高层次应用型人才的要求，整合校内外资源，探索按领域进行人才培养的方法。设置了公共基础课平台、领域基础课平台、专业基础课平台，使学生掌握相应领域的核心知识和技能；采取"项目驱动"的教学方法，以工程需求为导向，选取实际工程项目案例充实于各专业方向选修课模块，校企共建案例库，如图 0-3 所示。

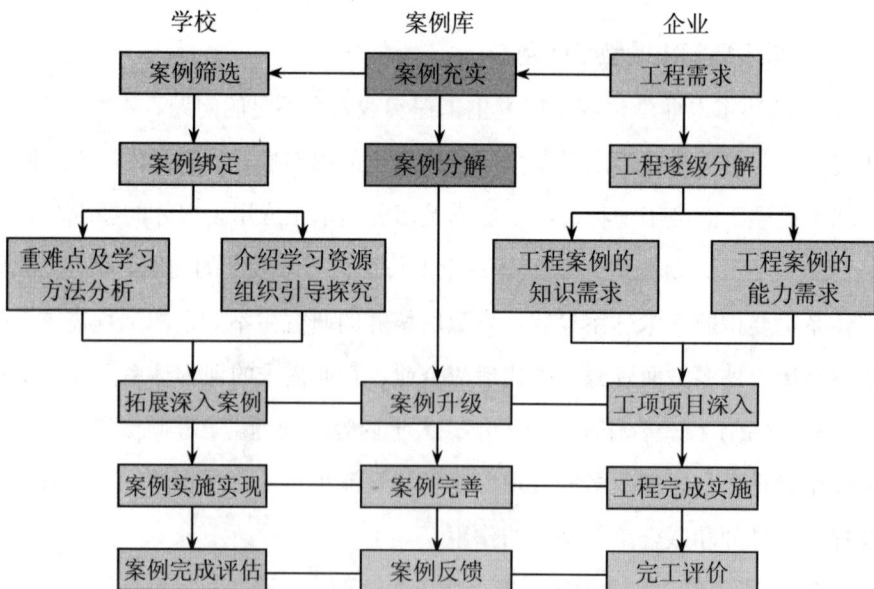

图 0-3　校企共建案例库

① 1 呎=0.3048 米

（3）明确考核目标，建立"四维一体"的校企合作培养机制。根据产教融合理论，整合校企的各项资源，明确要求研究生必须完成"学会一种专业软件、发表一篇较高水平的论文或专利、参加一次省级以上专业大赛、进行一年工程项目实践"的"四个一"考核目标，避免研究生联合培养流于形式化和文件化。开展导师、课程、平台、基地的"四维一体"校企联合培养机制，保证校企合作落到实处，如图 0-4 所示。

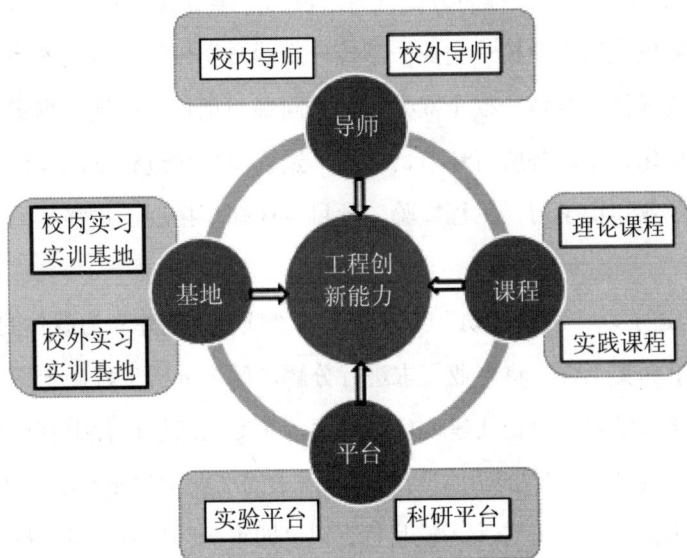

图 0-4　"四维一体"校企合作培养机制

山东交通学院先后与中集海洋工程研究院有限公司、山东航宇船业集团等 30 余家单位建立研究生联合培养基地。研究生在联合培养基地参与工程项目实践，并以此作为毕业论文的选题来源。在实践期间进行的双向选择，使企业既是培养基地，又是学生的预就业单位。

（4）错位发展，打造游艇邮轮工程培养特色。根据专业所服务的行业和地方经济，着眼产业链发展的人才需求，结合自身优势，坚持"人无我有，人有我优"的思路，打造具有优势的特色学科。以山东交通学院船舶与海洋工程领域为例，紧密结合山东省海洋经济的全国优势地位，调研行业需求，立足游艇造型及内装数字化设计、游艇邮轮结构优化设计,形成特色与优势,成为我国首家招收游艇邮轮工程方向工程硕士研究生的高校,为游艇行业发展提供了有力支持。

4. 成果的创新点

通过"强化工程能力提升的硕士研究生应用型人才培养模式的研究与实践"这一成果,培养了具有较强专业能力和职业素养、能够创造性地从事行业实际工作的高层次应用型人才,得到行业内的普遍认可。具体创新点如下。

(1)创新了以强化工程能力提升为宗旨的"螺旋式提升"培养模式。"螺旋式提升"培养模式以"学校—企业—学校—企业—学校"交替培养为手段,以科研和生产实践项目为载体,校企双方导师共同参与项目的筛选、绑定、学习、实施、反馈、优化、结题等所有环节,在这一过程中交替进行基础知识学习、工程调研、项目专业知识学习、工程检验、项目专业知识拓展,最终达到工程能力提升的目的。

(2)构建了以"项目驱动"为方法、以"项目案例库"为载体的课程体系。校企双方基于真实工程,将企业需求进行分解,倒推分析工程硕士所需的各项专业素养。以此为导向,校企共建项目案例库,在专业课程设置中有针对性地选择案例,构建一套适应新时期应用型高层人才需求的专业学位硕士研究生课程体系。

(3)形成以"四个一"为考核目标、以"四维一体"为保障的校企合作培养机制

明确提出以"四个一"为培养考核目标,从一年工程的实践、一个专业软件的掌握、一篇论文(专利)的发表、一次专业竞赛的参与四个方面出发,将校内与校外导师、理论与实践课程、实验与科研平台、校内与校外实践基地等四个维度的资源进行有效整合,实现"四维一体",保障了专业学位硕士研究生的培养质量。

5. 专著各章节撰写思路

专著的绪论主要撰写省级教学成果一等奖的主要内容;第1章主要撰写创新强化工程能力提升的专业学位硕士研究生培养模式;第2章主要撰写与培养模式相对应的课程体系建设;第3章主要撰写提升工程能力的师资队伍建设;第4章

主要撰写强化工程能力提升的实践基地建设；第 5 章主要撰写创新强化工程能力提升的教学方法；第 6 章选取课程体系中具有代表性的领域基础课、专业课、专业选修课撰写强化工程能力提升的课程建设与改革；第 7 章主要撰写强化工程能力提升培养模式的成效与推广；附录为山东交通学院船舶与海洋工程领域专业硕士研究生培养方案、研究生导师的相关制度等。

第1章　强化工程能力提升的专业学位
硕士研究生培养模式

21世纪是知识和人才竞争的年代，具有创新知识与创新技能的人才资源将成为世界各国竞争的焦点。研究生培养与教育是我国建设创新型社会的基础和重要基石，对我国综合国力的提升和国际竞争力的提高具有至关重要的意义。随着1950年教育部颁布《高等学校暂行规程》和《关于高等学校1950年度暑期招考新生的规定》，我国开始研究生招生和培育，经过70年的发展，随着我国经济发展与改革的不断深化，以研究生教育为代表的高层次人才培养需求和成果不断蓬勃发展。据教育部统计数据，近10年来我国研究生报名人数从2010年的140.6万人增长至2019年的290万人（图1-1），录取人数由2010年的47.4万人增长至2019年的70万人（图1-2）。根据《国家中长期教育改革和发展规划纲要（2010—2020）》，到2020年我国研究生在校规模将达到200万人。

报名人数/万人

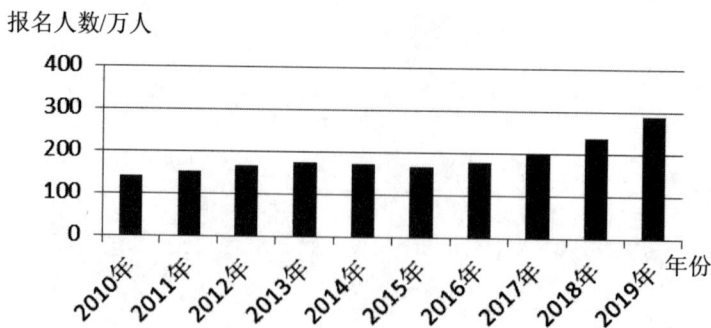

图1-1　2010—2019年我国研究生报名人数

录取人数/万人

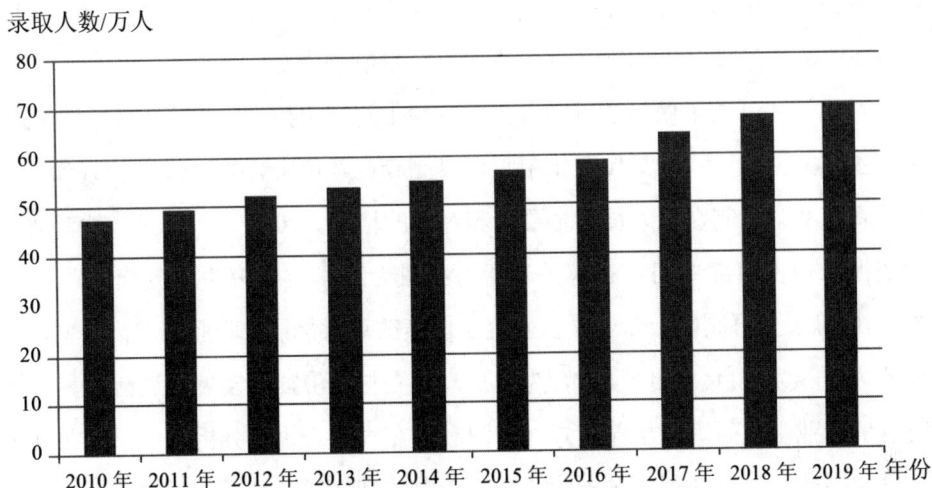

图 1-2　2010—2019 年我国研究生录取人数

　　但与此同时，在我国大多数工业领域，如机械、交通运输、土木水利、船舶与海洋工程等，还存在着技术人员学历层次不高、科技水平低、科技人才缺乏创新性等问题，使得相关领域突破国外相关单位在技术和创新方面的垄断时遇到了较大困难。为实现我国"工业制造 2025"计划，突破国外对我国在关键技术领域"卡脖子"的现状，高校和企业应联合起来，进一步加强应用型研究生的培养力度，有效提升和强化工程能力，培养一批高层次专业技术人才，实现企业需求与人才培养的有效结合，是我国高等教育和经济社会发展的重要目标，也是我国由"工业大国"迈向"工业强国"的重要途径。

第 1 节　专业学位研究生培养发展历程

1. 我国专业学位研究生发展概况

　　专业学位是指具有扎实理论基础，并能够适应相应行业领域或工程实际需要的应用型高层次专门人才，是与传统学术学位相对而言的一种学位类型。专业学位研究生不仅要有本领域扎实的基础理论和专业知识，而且要具备较强的解决实际工程问题的能力。我国自 1991 年设立专业学位以来,专业学位人才培养发展迅速,特别是教育部 2009 年发布《关于做好全日制硕士专业学位研究生培养工作的若干意见》和《关于做好全日制专业学位硕士研究生招生计划安排工作的通知》两项重要文件后,我国高校开始招收全日制专业学位研究生,改变了原有专业学位教育以非全日制在职人员为主要培养对象的格局。2013 年 11 月,教育部、人力资源社会保障部专门发布《关于深入推进专业学位研究生培养模式改革的意见》,明确了全日制硕士专业学位研究生培养改革目标:以职业需求为导向,以实践能力培养为重点,以产学结合为途径,建立与经济社会发展相适应、具有中国特色的专业学位研究生培养模式。中国教育在线调查统计分析,由于专业硕士相比学术型硕士可以获得更多专业技能,考取难度略低,且学制时间较为灵活,特别是社会各界对专业学位硕士的认可度逐渐提高,专业学位硕士研究生报考热度也不断提高,至 2017 年,专业学位硕士研究生报名人数已超过学术型学位硕士研究生。湖北省 2015—2019 年学术型硕士和专业学位硕士报名人数对比如图 1-3 所示;河北省 2015—2019 年学术型硕士和专业学位硕士报名人数对比如图 1-4 所示。

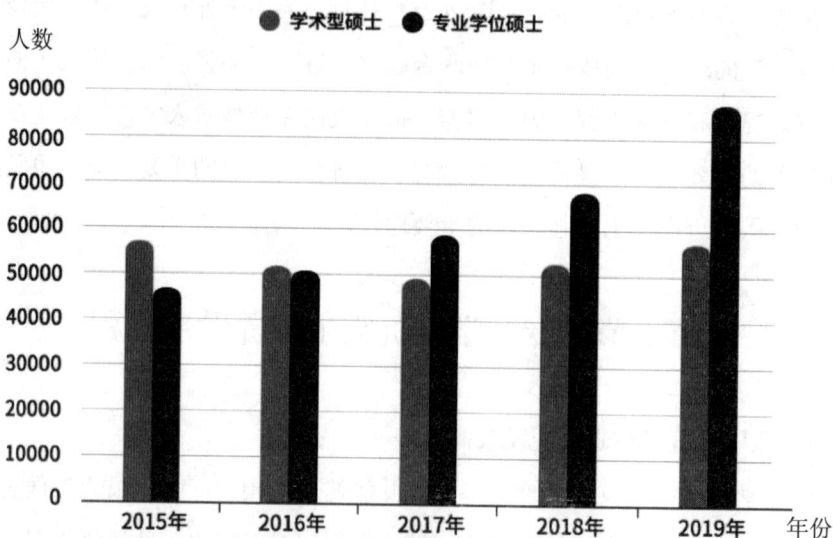

图 1-3　湖北省 2015—2019 年学术型硕士和专业学位硕士报名人数对比

（来源于研招网 2019 年全国硕士研究生招生数据报告）

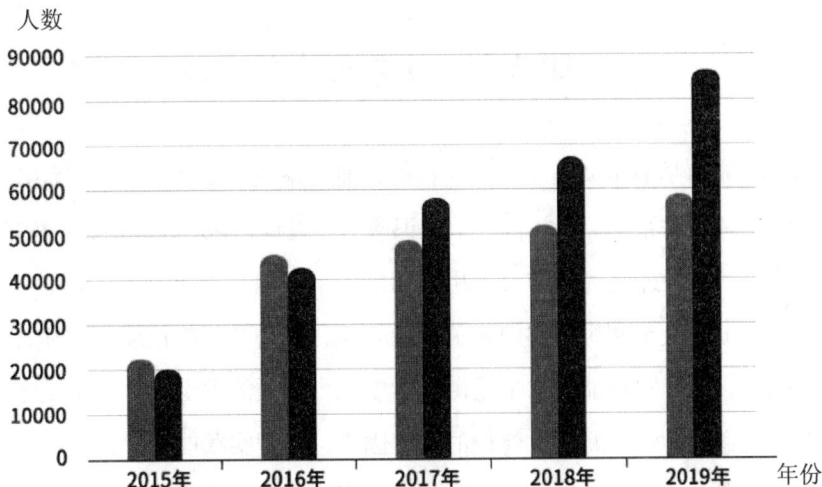

图 1-4　河北省 2015—2019 年学术型硕士和专业学位硕士报名人数对比
（来源于研招网 2019 年全国硕士研究生招生数据报告）

2. 专业学位研究生培养过程中存在的问题

经过 10 余年相关工作的开展，我国专业学位研究生培养取得了一系列突出成就，但通过调研和对前期工作的总结发现，目前的专业学位研究生培养仍然存在很多亟待解决的问题。如，很多高校在专业学位研究生培育过程中依然沿用学术型硕士培养模式或仅仅对原有学术型硕士培养模式进行微调，侧重于理论知识的传授和验证，忽视工程实践能力的培养；对学生的评价仍以理论成绩为主，实验、实习等实践环节所占份额很小，综合性和设计性的训练更是少之又少；许多高校特别是地方院校因其本身平台所限，对人才吸引力较弱，引进高水平人才较为困难。同时，自己培养、选送教师进修等方式周期较长，远远赶不上对研究生导师的需求；尽管很多学校在专业学位研究生培养过程中引入"双导师制"的指导方式，但在培养过程中校内外导师合作不密切，大多流于形式。上述问题都严重影响了研究生的培养质量，其中最为核心的问题就是研究生的工程实践能力和创新能力弱，进入工作单位后对岗位的适应周期长，自我发展不突出。因此必须采取合适的改进措施优化专业学位研究生的培养方案，提升研究生工程能力，提高其综合素质和能力。

第 2 节　工程能力的内涵

　　工程能力是应用型人才培养的目标，通过系统的专业学习、实践和培训，使学生能够理论联系实际，并将所学知识应用于设计、制造、试验等工程实践环节，具有较强动手操作能力、综合运用知识能力、工程设计能力等。简单来说，工程能力就是工作人员利用掌握的相关理论知识、技巧及其他技能分析和解决具体问题的能力。工程实践能力水平是衡量学生综合素质的关键指标，也是全面促进我国工程教育国际化、新工科建设的关键因素。工程实践能力提升是我国应用型高层次人才培养的核心目标，教育工作者应围绕这一目标调整和优化培养方式和模式，增强学生的竞争力。

　　党的十八大报告指出，要"深化科技体制改革，推动科技和经济紧密结合，加快建设国家创新体系，着力构建以企业为主体、市场为导向、产学研相结合的技术新体系"。2017 年，教育部在《新工科研究与实践项目指南》中明确提出，要积极开展"面向新工科的工程实践教育体系与实践平台构建"相关研究，围绕工科学生工程实践能力培养的目标、课程设置、实习实训安排、经费投入、体制机制、雇主反馈等关键环节展开调查，深入分析我国工科学生工程实践能力的现状与问题；推进基于成果导向的工科学生工程实践能力培养，设计评价体系，指导改革实践。

　　2018 年在教育部出台的《关于制订工程类硕士专业学位研究生培养方案的指导意见》中，明确指出专业硕士研究生"以实际应用为导向，以职业需求为目标，以综合素养和应用知识与能力的提高为核心"。加强研究生的实践能力，培养具有较强专业能力和职业素养、能够解决工程实际问题、具有创新思维和适应地方经济社会发展需要的高层次应用型人才显得尤为重要。

　　工程实践能力培养是一个系统工程，必须坚持专业学位研究生培养的应用型特色，增加实践课程、工程实践在培养过程中的比重。积极鼓励任课教师改革教学内容，改进教学方法，更新教学手段，以讨论式、互动式等教学方式代替传统的课堂讲授式的教育模式，通过实验教学、案例教学等手段，使研究生掌握国内外相关领域技术发展的最新动态，通过在工程一线参与实际科研项目，培养研究生分析和解决实际工程问题的能力。许多专家也分别从加大投入、引进人才、校企联合、优化培养模式等方面提出了许多有益的建议和解决方案，其中通过校企合作建立研究生联合培养基地和实践基地，建设"产学研"并行的联合教育平台，是解决上述问题的有效途径。

第 3 节　专业学位硕士研究生培养方案的制定

专业学位硕士研究生培养模式的探索，首先体现在人才培养方案制定和执行上，人才培养方案的制定必须首先确定专业学位硕士研究生培养定位与培养目标，为此必须进行大量的调研，制定调研方案、实地调研、调研总结分析是确定培养定位与培养目标的前提条件。

1.　培养方案构思

确定专业硕士服务的行业→行业领域→就业岗位→培养定位→培养目标→毕业要求→课程体系→课程标准→实习实践→毕业设计→学位论文→评价体系。

2.　培养总体要求

专业硕士研究生培养总体要求为：具备工程实践能力、创新创业意识、国际化视野，以研究生知识、能力、素质培养为中心，整合政、产、学、研资源，紧跟高等教育改革方向，服务本领域发展需求。

3.　调研路径

以协会和校友调研为主，以企业走访为辅；以行业潜在需求分析为主，以目前需求分析为辅；对比不同企业的岗位设置，找到共同点。依靠行业协会调研，分析行业需求，研究企业岗位，完善培养方案，激发导师活力。

4.　就业岗位在产业链中的定位关系

就业岗位在产生链中的定位关系如图 1-5 所示。

产业链 → 设计 → 生产 → 销售 → 服务

岗位群 → 船舶与结构物设计 → 船舶与结构物生产 → 市场营销 → 技术支持

专业方向定位 →

高端设计	高级职位	高级职位	高级职位
◆初步设计	◆建造工艺	◆合同制定	◆维修计划
◆型线光顺	◆精度控制	◆营销策划	◆故障诊断
◆性能计算	◆质量检验	◆船舶保险	◆维修方案
◆强度校核	◆生产管理	◆……	◆……
中低端设计	中低级职位	中低级职位	中低级职位
◆详细设计	◆工时管理	◆船舶销售	◆船舶维修
◆结构建模	◆物料管理	◆产品推广	◆维护保养
◆生产设计	◆设备管理	◆客户管理	◆船舶运营
◆完工设计	◆工艺加工	◆……	◆……

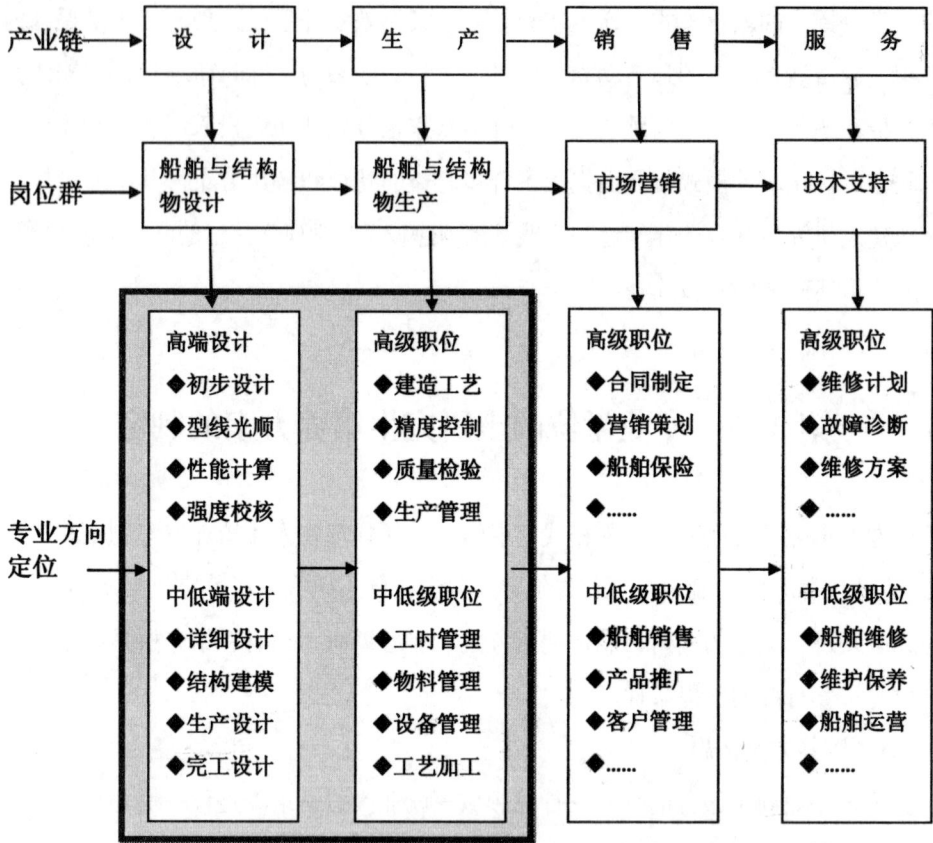

图 1-5　就业岗位在产业链中的定位关系

5. 就业岗位、素质、能力描述

根据专业硕士研究生就业岗位在产业链中的定位关系，可以知道岗位的详细描述。以船舶与海洋工程领域专业硕士研究生为例，进行岗位描述以及相应的素质与能力要求描述。

（1）船舶生产管理岗位。

1）船舶生产管理岗位描述。进行船舶产品分段划分、产品建造策划工作。组织推进日常工艺项目改进落实，以及新产品、新工艺、新工装的落实工作。不断推进工艺改进、工序前移、中间产品成品化、设备单元模块化、无余量总装造船工作。负责对不合格品的评审及处置，提出纠正措施并跟踪验证，积极采取预防措施，防止不合格品产生。组织制订产品建造工时费用承包定额工作。逐步制订完善各产品、各项目不同工艺阶段的工时定额；对新方法或上下工序转移所产生的工时费用定额进行测算划拨管理。做好生产成本控制工作，降低生产成本，提高经济收益。组织制定内部承包责任制和考核办法，并予以监督和考评。以技术图纸为依据，制订各项工程的工料定额。依据技术部下发的单据，及时制订修改工程、追加工程的材料定额。

2）相应的素质与能力要求描述。

①专业知识与技能：具备船舶建造相关专业知识，熟悉分段建造工艺顺序及流程，掌握新技术、新工艺。

②外语水平：具有一定的英语翻译能力。

③电脑水平：熟练操作 Office 系列办公软件和 CAD 软件。

④素质能力：具有较好的组织协调能力、沟通能力和创新能力。

（2）计划调度岗位。

1）计划调度岗位描述。负责公司三年以上滚动线表计划、年度计划、月度计划、周计划、单船船体中日程计划的制订、汇总、平衡、落实、协调、监督、考核，以及生产外协项目的管理。重点抓产品前期生产技术准备、产品出坞或下水前生产组织策划工作。组织制定、落实相关的生产管理程序、规定、标准；组织船舶进坞、出坞或下水策划；对下水前的各产品项目实际施工进度进行结算管理。

2）相应的素质与能力要求描述。

①专业知识与技能：具备船舶建造相关专业知识，熟悉分段建造工艺顺序及流程，掌握新技术、新工艺。

②外语水平：具有一定的英语翻译能力。

③电脑水平：熟练操作 Office 系列办公软件和 CAD 软件。

④素质能力：具有较好的组织协调能力、沟通能力和创新能力。

（3）项目经理岗位描述。

1）项目经理岗位描述。负责单船船体中日程计划、重大设备、物资纳期计划的制订、汇总、平衡、协调。负责舾装件集配计划的落实、协调、监督、考核；

负责月计划、周计划的制订、落实、协调、监督、考核。负责重点抓产品前期生产技术准备、产品出坞或下水前生产组织策划工作。负责生产设计图纸纳期计划、重大设备、物资纳期计划和舾装件集配计划的管理以及跟踪落实工作。组织制定、落实相关的生产管理程序、规定、标准；组织船舶进坞、出坞或下水策划；对下水前的各产品项目实际施工进度进行结算管理。

2）相应的素质与能力要求描述。

①专业知识与技能：具备船舶建造相关专业知识，熟悉分段建造工艺顺序及流程，掌握新技术、新工艺。

②外语水平：具有一定的英语翻译能力。

③电脑水平：熟练操作 Office 系列办公软件和 CAD 软件。

④素质能力：具有组织协调能力、沟通能力和创新能力。

（4）生产设计岗位。

1）生产设计岗位描述。负责生产设计及工艺设计，以及现场技术问题协调处理。能独立完成船舶各区域建模出图，能进行部分性能计算、型线光顺和船体部分的详细设计。协调船体、轮机、电气等各方面之间的问题；协调解决船舶生产施工过程中遇到的船体方面的技术及工艺问题；按客户要求完成方案设计，协助销售部门进行船体总体、结构、性能计算以及图纸的绘制，参照客户的要求完成船体部分的详细设计；进行施工设计以及施工过程中的监督管理等。

2）相应的素质与能力要求描述。

①专业知识与技能：具备船舶设计相关专业知识，熟悉船舶建造的流程与工艺，熟悉相关国家设计标准规范和各船级社设计规范。

②外语水平：具备一定英语交流能力。

③电脑水平：熟练运用计算机辅助船舶设计与建造软件。

④素质能力：表达能力、交际能力、解决问题能力较强。

6. 毕业要求

（1）素质要求。

1）热爱祖国，拥护中国共产党的领导，政治立场正确，思想稳定。

2）具有人文社会科学素养、社会责任感和工程职业道德。

3）遵纪守法，具有科学严谨的学习态度和求真务实的工作作风；诚实守信，恪守学术道德规范，尊重他人的知识产权，无学术不端行为。

4）具有高度的社会责任感、强烈的事业心和科学精神，掌握科学的思想和方法，坚持实事求是、严谨勤奋、勇于创新，遵守职业道德和工程伦理。

5）具有良好的身心素质和环境适应能力，富有合作精神，能正确处理国家、单位、个人三者之间的关系。

6）掌握基本的创新方法，具有追求创新的态度和意识。

（2）知识要求。基本知识包括基础知识和专业知识，涵盖船舶与海洋工程领域任职资格涉及的主要知识点。

1）基础知识主要包含与船舶与海洋工程领域相关的人文社科知识、自然科学知识及工具类知识，如数学、中国特色社会主义理论与实践研究、自然辩证法（含工程伦理）、知识产权、管理学基础（含创新创业）、外语、信息检索等。

2）掌握船舶与海洋工程领域某一方向较为系统深入的专业基础知识和较为先进的专业技术知识，熟悉相关工程的施工技术，了解本方向的前沿发展现状和趋势。

3）掌握文献检索、资料查询，以及运用现代信息技术获取相关信息的基本方法。

4）了解与船舶与海洋工程领域相关的职业和行业的生产、设计、研究和法律、法规，能正确认识工程对客观世界和社会的影响。

（3）能力要求。在船舶与海洋工程领域的某一方向具有独立从事工程设计与运行、分析与集成、研究与开发、管理与决策的能力。能够胜任船舶与海洋工程领域高层次工程技术和工程管理工作。

1）获取和应用知识的能力。应能通过检索、阅读、调研等途径获取解决工程问题所需的信息，并善于分析和归纳；应能运用本领域和其他领域的综合知识，解决工程项目规划、设计、组织与实施等环节中的实际问题，并具有撰写技术方案、报告和总结的能力。

2）组织协调能力。具有良好的组织、协调、联络、技术洽谈能力，能够在集体工作中发挥积极作用，对项目实施过程中所遇到的问题进行有效分析和解决。

3）学术交流能力。具有进行口头、书面和演示性交流的能力。擅于总结研究工作的结果，并以规范的方式熟练、简练而有逻辑地表达其结果。

4）工程实践和开拓创新能力。具有相对独立承担工程项目研究、设计与管理具体工作的能力。在工程技术发展中，能够灵活运用所学知识，进行创造性思维，开展创新试验和研究，解决工程中出现的新问题。

5）对终身学习有正确的认识，具有不断学习和适应发展的能力。

6）具有国际视野和跨文化的交流、竞争与合作能力。

7. 培养定位与培养目标

根据调研及分析总结，结合本校特色，确定本校专业硕士研究生人才培养定位与培养目标。

山东交通学院船舶与海洋工程领域专业硕士研究生人才培养定位为：适应我国海洋交通运输和海洋开发需要，培养面向船舶与海洋工程领域，能够解决复杂工程问题，具有国际视野、创新精神和成长能力的一线工程师和管理者。

山东交通学院船舶与海洋工程领域专业硕士研究生人才培养目标为：培养基础扎实、素质全面，工程实践能力、技术创新能力及团队协作能力强，能够从事船舶与海洋工程领域项目规划、设计施工、组织管理、科技开发和科学研究等工作，具有良好的职业道德和社会责任感的应用型、复合型高层次工程技术和管理人才。

第4节　创新"螺旋式提升"人才培养模式

人才培养模式是指在一定的现代教育理论、教育思想指导下，按照特定的培养目标和人才规格，以相对稳定的教学内容和课程体系，管理制度和评估方式，实施人才教育过程的总和。它具体可以包括四层含义：

（1）培养目标和规格。

（2）为实现一定培养目标和规格的整个教育过程。

（3）为实现这一过程的一整套管理和评估制度。

（4）与之相匹配的科学教学方式、方法和手段。

由于历史原因，我国船舶与海洋工程领域本科人才培养一直处于断档状态，为满足我国船舶工业快速发展的需要，国内大中专院校加快船舶工程学科专业建设，培养了一批本、专科层次的船舶工程应用型人才。但该领域工程硕士高层次人才的培养单位却屈指可数，现仅有上海交通大学、哈尔滨工程大学、江苏科技大学等十余所高校招收该领域工程硕士。由于培养单位太少，国内"船舶与海洋工程"领域高层次应用型人才奇缺，人才培养问题迫在眉睫。

2011年，山东交通学院获批船舶与海洋工程领域工程硕士研究生招生资格，成为山东省第一所招收该领域研究生的高校，其中三个方向之一的游艇邮轮工程方向是国内第一个此类领域方向，人才数量需求迫切，质量需求更加紧迫。课题组结合前期研究与实践基础，针对专业学位硕士研究生工程实践能力不足、课程体系设置与工程需求脱节、校企合作不深入、培养方向缺少特色等问题。本着教学与科研结合、课堂与工地结合、教师与工程师结合的方法，逐步研究与实践科学有效的研究生培养路径，探索出一条工程硕士"螺旋式提升"工程能力的培养模式，创新了"强化工程能力提升的硕士研究生应用型人才培养模式"。该模式自2012年开始启动，经过7年的研究和4年实践，围绕培养模式、培养过程、校企合作、质量评价、专业特色等方面，以强化工程能力提升为宗旨，基于产教融合的思想实施校企合作共建研究生联合培养教育基地，以科研和生产实践项目为载体，实行"学校—企业—学校—企业—学校"交替的"螺旋式提升"培养模式，有效提升了研究生工程能力和综合素质，为提高工程硕士质量和水平提供了可复制、可推广的方法和经验，并经多所高等院校和多家企业推广应用，取得了良好的效果。

在培养方向上，通过组织师生参加世界上新型第七代深海半潜式石油钻井平台的建造，通过参加山东省拥有完全自主知识产权的SD400自升式石油钻井平台的研发，通过参加亚洲最大豪华游艇的研制，使研究生工程意识深刻嵌入自己的培养方向之中。在指导思想上，通过工程实践，研究生树立了以实践确定自己发展目标的意识，以工程项目为出发点，以此选修相关理论课程，通过实践积累生产设计及现场管理的经验，完成自己确定的学习目标；在课程体系上，紧紧围绕本领域培养目标，实行"学校－企业－学校－企业"的"螺旋式提升"培养模式，以培养工程能力为中心，以科研、生产实践项目为载体，设置课程体系，从而使生产管理、项目实施、科研开发等职业能力和素质得到全面提高；在学位论文上，以产品设计、生产设计或项目实施及管理为内容，明确职业背景和应用价值，要求达到从业工程师水平。

山东交通学院创新性地提出"螺旋式提升"工程能力的培养模式，是以培养工程能力为中心，以科研、生产实践项目为载体，突出能力与素质培养、强化工程实践环节。在初步设计的"螺旋式"培养模式的基础之上，不断调整、巩固、充实、创新，总结出一套更加可行的、更能适应企业需求的培养模式，并为其他领域的研究生培养提供经验。工程能力螺旋提升示意如图 1-6 所示。

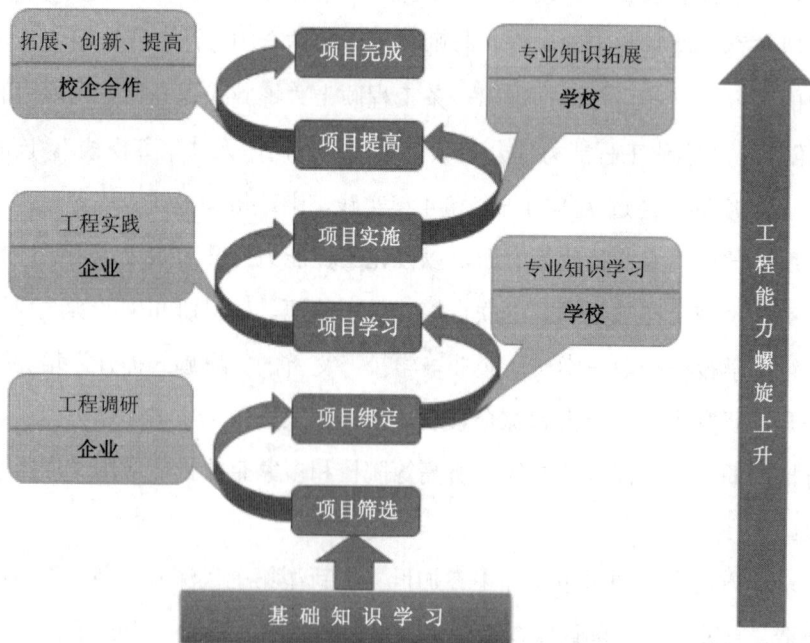

图 1-6　工程能力螺旋提升

　　"螺旋式提升"是指研究生的工程能力通过由低层的基础知识学习和项目筛选到高层的项目完成，实现能力的拓展、创新和提高的完整过程。中间经过了项目绑定、项目学习、项目实施、项目提高的阶段，逐步完成工程调研、项目专业知识学习、工程检验、项目专业知识拓展的阶段性工作。

　　"螺旋式提升"具体落实到课程体系上，则是紧紧围绕本领域培养目标，实行"学校－企业－学校－企业"的"螺旋式提升"培养模式，以培养工程能力为中心，以科研、生产实践项目为载体，设置课程体系。第 1 学期，学习工程数学、英语及专业基础课程。学生通过课程内的实验和案例分析、到联合培养单位进行"工程调研"，获得对该领域的感性认识。同时，结合联合培养单位具体的生产科研项目，确定要绑定的项目。第 2 学期，根据实习时已确定的任务有所选择地进行专业基础课程的学习。第 3 学期，到联合培养单位进行"工程检验"，针对已确定的生产、科研项目进行具体实施，获得工程能力的综合训练。第 4 学期，根据前一学期的"工程检验"，针对工作实际有选择地进行专业课和前沿技术课程的学习。第 5 学期，通过前面的理论学习和综合实践，再到联合培养单位，进行完整的项目实施或完整的系统设计或对船舶高新技术进行研究和应用，从而使生产管理、项目实施、科研开发等职业能力和素质得到全面提高。学位论文必须根据第5 学期从事的项目，以产品设计、生产设计或项目实施和管理为内容，具有明确的职业背景和应用价值。整个论文撰写过程由校、企导师共同指导和管理；评阅、答辩专家应至少有一半来自实践单位。

第 5 节　创新管理体制与运行机制

　　经调研，当前船舶与海洋工程领域主要缺乏设计、修造、管理等方面的高级技术人才。企业对这些人才的普遍要求是：具有一定的理论基础、较强的实践动手能力、宽广的技术应用视野、丰富的现场实践经验，能够独立担任工程技术和工程管理工作；能够熟练阅读进口设备的外文说明书，并能用外语进行交流（航运公司和修船厂对口语要求更高）；熟悉行业规范与标准；具有较强的计算机应用能力和识图能力；具有良好的职业道德、职业素养与社会责任；具有良好的人际合作能力。此外，通过调研，多数用人单位反映了当前船舶与海洋工程领域工程硕士人才培养模式普遍存在的一些问题：依然以学术型硕士培养模式进行，侧重对理论知识的传授和验证，忽视工程实践能力的培养；对学生的评价仍以理论成绩为主，实验、实习等实践环节所占份额很小，综合性和设计性的训练更是少之又少；校外实习及实践基地没有得到充分利用；所培养的学生在创新能力和实践能力方面存在不足，进入企业后出现动手能力差、实用知识技能少、自我发展能力弱、适应周期长等现象。

针对上述人才需求特点，山东交通学院以《国家船舶工业中长期发展规划》《山东半岛蓝色经济发展规划》《山东省新旧动能转换重大工程实施规划》等为指导，以服务于船舶工业的发展为宗旨，以船舶工业需求为目标，坚持产学研结合，培养以实际应用为导向，具有较强的工程实践能力、技术创新能力和外语水平的高层次应用型人才。

为此，创新管理体制与运行机制就成为重要一环。山东交通学院与企业共建教学指导委员会，创建了学校与企业深层次产学合作教育、企业全程参与人才培养过程的新型管理体制，建立保障高素质工程型人才培养质量的社会聘任制、绩效考核制、财务预算制等运行机制。为保证上述体制机制切实可行，山东交通学院充分发挥校企合作的优势，和青岛北海船舶重工责任有限公司等多个知名企业在原来一般性合作的基础上，达成"产学研全面合作协议""硕士专业学位研究生（工程硕士）联合培养协议"，就联合培养专业硕士研究生、安排研究生实习、联合开展科研或生产项目等内容达成全面合作关系，初步创立协同创新、互利共赢机制。协议特别强调，企业创造条件安排工程硕士从事生产项目实施或科学研究等工作，并选派专业技术人员对研究生进行指导，而且提供必要的科研条件和生活条件。协议从根本上解决了硕士专业学位研究生培养方案中的实践能力培养问题，保证培养目标的实现。

第2章 强化工程能力提升的专业学位硕士研究生课程体系建设

课程体系是培养目标的具体化和依托，规定了培养目标实施的规划方案。课程体系是实现培养目标的载体，是保障和提高教育质量的关键。

课程体系是指在一定的教育价值理念指导下，将课程的各个构成要素加以排列组合，使各个课程要素在动态过程中统一指向课程体系目标实现的系统；是指同一专业不同课程门类按照门类顺序排列，是教学内容和进程的总和。课程门类排列顺序决定了学生通过学习将获得怎样的知识结构。

第1节 课程体系改革思路

针对当前专业硕士研究生人才培养课程设置普遍存在的问题，提出了以"提升工程能力"为中心的改革课程体系。

1. 公共基础教育围绕专业教育构建课程体系

（1）选择开放性公共课程。专业硕士研究生教育属于专业教育，而专业是一个相对而言比较窄的领域，与其他学科对话的基础并不宽厚，因此，要实现专业基础上的公共教育就必须选择开放性的通识课程，使其与专业及其学科领域的理论能够互动、响应和沟通，搭建它们之间的对话基础。因此，专业硕士研究生教育公共基础课程的变革同样要展开与多种领域的对话，选择开放性的通识课程。

（2）根据不同领域专业教育的需要调整公共基础教育课程的内容。针对公共基础教育空泛的弊端，以"适用"为原则调整公共基础课程设置，针对专业的特点和要求，优化和调整公共课程的授课内容。不同领域专业教学部门可就本学科、本领域公共课程知识、技能的侧重点向公共教学部门或者教学管理部门提出要求，公共教学部门根据这些要求调整教学大纲，争取做到不同的领域有不同的教学大纲。此外，还可根据学校的学科特点，系统科学地优化一批集人文科学、自然科学和社会科学于一体的课程，建设"通专交融"的课程，作为通识教育"精品"课程。

2. 将工程能力培养融入课程体系

（1）改变传统课程观。实现课程理念从知识传授向素质培养的转变，探索工程能力培养内涵。克服学术教育的影响、克服与职业教育划清界限的思想以及因此而造成的高级技能型人才的供需失调。正确认识强化工程能力专业硕士研究生教育中领域专业建设和课程体系建设的重要地位，依据领域专业特点，围绕培养定位，实现知识与能力、态度与价值观、过程与方法的三维目标，促进主体的领域专业发展以及课程体系建设。

（2）加强课程工程性。课程设置不仅要考虑专业硕士研究生教育的基础性、阶段性、学科性，也要充分考虑一线人才对工作一线的适应性要求。在课程内容的选择上要根据生产或服务的现实需要，更多地倾向于现成、实用技术与规范的经验。而理论知识的学习，则要求学生理解相关结论及其推导过程，让学生掌握其使用方法，学会用理论去指导实践。根据领域专业的能力要求，集合不同学科领域的知识要点，形成相互有关联的课程体系。该课程体系能够拓展狭窄的专业知识视野，又能脱离空泛的学科知识，兼顾了理论的适用和能力的应用，适合于强化工程能力专业硕士研究生的培养。

（3）融入职业知识点。强化工程能力专业硕士研究生直接面向的是行业、企业工作岗位，要培养"零适应期"人才，一定的职业素养也是必备条件。职业素养就是职业内在的规范和要求，是个人在职业过程中表现出来的综合品质，包括职业道德、职业技能、职业行为、职业作风和职业意识等方面，它是鉴别绩效优秀者和一般者的关键要素。如，加强入学教育，使学生明白领域专业学习与职业的关系；配合实习课程，开设相关的职业素养指导课程；在相关的职能部门中增加协助培养职业素养职能，为学生提供实际的职业指导等。

3. 构建实践教学课程体系

在教学中要高度重视实践教学环节，探索新的实践教学课程体系。

第一，应正确处理实践教学与理论教学的关系，构建合适的比例关系。

第二，着力于综合性实验、实践课程建设。根据领域专业要求，增开设计性、研究性、综合性强的实践内容，减少简单的模拟、论证性实践，培养学生的动手能力、应用能力、思维能力和创新能力。

第三，加大实习比例，加强实验设备条件建设，侧重培养学生的实践能力。譬如，在熟悉本领域专业岗位实际情况方面，低年级时就可以让学生到领域专业对口的企业去实习，熟悉工作的基本过程，增加对工作环境的认识。

第四，设置集中的实习学期，规定三年制教学中，要有一年以上的实习期，实习期间可少量设置与实习相关的课程，如专业英语、企业管理、生产管理等。学生在企业的实习主要由企业的技术与管理人员指导和管理。实习结束后由指导老师写出实习鉴定，作为毕业考试的必备条件。

第五，要求必须结合企业实践完成毕业论文。学生选择题目后，到相应的企业去，在实践中进行实验和探索；或者直接以企业项目作为选题，完成毕业论文。这是一种特殊的实训，是一种更高层次的实习。

第 2 节　人才培养方案的课程体系设置

专业学位硕士研究生人才培养方案课程设置的原则与要求是：课程设置应以实际应用为导向，以职业需求为目标，以综合素养、应用知识与能力的提高为核心。课程体系设置应夯实基础、注重实际应用、博览前沿知识，强调理论与实践结合，强化工程能力，着重突出专业实践类课程和工程实践类课程。

1. 打造"平台+模块"课程体系

打造"平台+模块"课程体系，并在此基础上调整优化培养方案。按照新形势下企业对高层次应用型人才的要求，整合校内外资源，探索按领域进行人才培养的方式。设置了公共基础课平台、领域基础课平台、专业基础课平台，使学生掌握相关领域的核心知识和技能；以工程需求为导向，选取实际工程项目案例充实于各专业方向选修课模块，校企共建案例库，通过案例教学等手段使研究生掌握国内外相关领域技术发展的最新动态，参与实际科研项目的案例分析与讨论，培养研究生分析和解决实际工程问题的能力，充分体现课程的专业性、实践性和应用性，通过这一方法使学生对行业需求有更直观的认识。编制了新的研究生教育课程，聘请企业专家到校上课，依据社会发展需要和研究生职业发展需求，组织校内外专家对课程体系进行优化修订。

2. 构建人才培养方案课程体系

为了达成山东交通学院船舶与海洋工程领域专业硕士的培养定位与培养目标。研究生培养阶段以夯实理论基础、强化综合素质、提高专业技能为基本出发点，以工程实际应用能力培养为中心，突出研究生综合素质和创新能力的培养，形成船舶类高层次人才培养特色。课程设置以工程应用为导向，以职业需求为目标，以综合素养和工程能力的培养为核心。课程内容应强调理论与实践结合，满足行业需求。因此，基于产学研合作模式，优化工程硕士研究生课程设置，课程体系基本安排如下。

1）公共基础课（14学分）：包括政治理论课、英语课、数学类课程、知识产权及信息检索等，按国家有关规定进行设置，由学校统一做出安排。

2）领域基础课（不少于6学分）。

3）专业基础课（不少于6学分）。

4）方向选修课（不少于6学分）：根据研究方向选修。

5）专业系列讲座（1学分）。

6）专业实践（4学分）。

在课程设置中，一方面设置船舶类的相关基础课程，如船舶与海洋工程基础、船舶电气设备与系统等，同时在培养方案中加入游艇结构分析与造型设计、船艇复合材料与建造工艺等游艇邮轮工程所需的专业课程，增强学生对本行业的了解，开拓学生后续职业发展道路。在课程教学方面，也应注意与社会行业发展相结合，减少理论研究型课程所占的学时和比例，增加一些新设的应用型课程，课程设置结合行业需求，注重理论联系实际，加强校企之间的合作，设立企业与学校双导师制。例如，在研究生教育阶段选择船舶与海洋结构物先进制造技术、企业新技术应用、游艇邮轮新技术等作为试点课程，在上述几门课的讲授过程中邀请中集烟台来福士、华天软件有限公司、青岛恒安达有限公司具有丰富实践经验的行业专家直接参与课程体系建设和讲授，将企业生产实践中的实际问题与理论知识结合起来，有助于研究生综合能力和素质的提高。

第 3 节　强化工程能力的课程教学方法

针对企业需求并结合专业硕士研究生教育的特点，积极鼓励任课教师改革教学内容，改进教学方法，更新教学手段。在教学过程中减少传统课堂讲授式的教育模式，提倡讨论式、互动式教学模式，通过实验教学、案例教学等手段，使研究生掌握国内外相关领域技术发展的最新动态，参与实际科研项目的案例分析与讨论，培养研究生分析和解决实际工程问题的能力，充分体现课程的专业性、实践性和应用性。

1. 校企共建课程案例库，创新"项目驱动"教学方法

学生、学校、企业共同实施多个真实、完整、递进的"案例"工作，把学生的学习实践有效地融入工程任务完成的过程中，让学生积极地学习、自主地进行知识的建构，提高学生对课程的认知和理解，同时也增强了学生解决问题的能力。山东交通学院船舶与海洋工程领域联合多家企业共建课程案例库。

在课程体系方面，重点应用"项目驱动"的方法，分方向建设选修课模块。并于 2014 年立项山东省研究生教育创新计划项目"船舶与海洋工程领域游艇邮轮方向硕士研究生'项目驱动式'培养模式研究"。该方法以工程需求为导向，校企共建案例库，选取实际工程项目的案例充实于各方向模块中。

"项目驱动"教学方法中，项目案例库的建设至关重要。以山东交通学院船舶与海洋工程领域为例，学校联合多家企业，以船舶工程、海洋工程、游艇工程

为专业方向模块，共同建设案例库。2016 年"计算机辅助船舶与游艇设计制造案例库"获批山东省研究生教育质量提升计划。船舶与海洋工程领域案例库见表 2-1。

表 2-1　船舶与海洋工程领域案例库

序号	案例库名称	联合企业
1	计算机辅助船艇设计	山东航宇船业集团股份有限公司、中集海洋工程研究院有限公司、深圳海斯比船艇科技发展有限公司
2	动力装置原理与设计方法	山东航宇船业集团、中集来福士海洋工程有限公司
3	船艇复合材料与建造工艺	威海中复西港船艇有限公司、威海西港游艇有限公司、青岛昊运船艇制造有限公司
4	计算流体力学	北京润尼尔科技有限公司、山东山大华天科技集团股份有限公司
5	船艇美学与内装设计	杭州浙大旭日科技开发有限公司、威海中复西港船艇有限公司、威海西港游艇有限公司、青岛昊运船艇制造有限公司
6	船舶新技术应用	青岛北海船舶重工有限责任公司、黄海造船有限公司、中航威海船厂有限公司、山东船舶技术研究院

2. 校企共建教育基地，提升工程能力

为了实现研究生工程能力的提升，高校和企业共同建立基于产学研的研究生联合实践基地成为目前最理想的方式。建立联合实践基地可以促进高校改革研究生培养模式和机制，利用社会资源创造课题研究中理论联系实际的良好环境，提高研究生的教育质量，为产学研联合培养研究生的可持续发展奠定基础。山东交通学院专业硕士研究生实践教学时间原则上不少于一年，具有本领域内满一年以上工作经历的研究生，实践学习时间原则上不少于半年。通过校内导师和联合培养基地指导教师沟通交流，共同为研究生制订详细的专业实践计划，指导其开展实践。实践期满后研究生要撰写实践学习总结报告，通过考核取得相应学分。

近年来，山东交通学院先后与中集海洋工程研究院有限公司、山东山大华天科技集团股份有限公司、杭州万维镜像科技有限公司等单位建立研究生联合培养

基地，根据研究生自身特点和联合实践基地发展，选派研究生到联合培养基地进行游艇邮轮设计、制造、建模、仿真等研究和应用，从而使研究生的生产管理、项目实施、科研开发等职业能力和素质得到全面提高。山东交通学院与中集海洋工程研究院有限公司共同建立的研究生联合教育基地。

3. 构建"虚拟现实"教学案例

"虚拟现实"教学提供的教学场景具有沉浸感、可交互性，并具有能启发学生的仿真环境。作为一种新型的教学辅助手段，教师可以在开展真实的实践活动之前，利用虚拟现实训练来提升学生的工程实践能力；也可以在真实的实践活动结束以后，使用虚拟现实来进行总结，以进一步加深学生对工程实践的认识。

为了船舶与海洋工程领域轮机工程方向的研究生更好地学习轮机相关知识，提高工程能力训练，山东交通学院联合大连海事大学研发了以超大型油轮（VLCC）为母型船的全视景、半实物轮机模拟器，实现了船舶轮机机舱全景的虚拟仿真，对轮机工程基础、轮机管理工程、动力装置原理与设计方法、计算流体力学、船舶动力装置节能技术、轮机故障诊断技术、船舶监控技术等课程的学习采用虚拟仿真教学方法。使用虚拟现实技术，可通过在半实物模拟器设置不同的虚拟场景，简单的点击操作和参数设置，将难以理解的概念转化成实验资源和相关数据，使学生由浅入深，逐步掌握船舶轮机操作、管理等要点，激发学生的学习积极性，大幅提高学习效率，增强工程操作能力。

第3章 强化工程能力提升的师资队伍建设

第1节 "双师型"教师队伍建设

1. "双师型"教师队伍建设意义

专业学位研究生教育以培养具有扎实理论基础，并适应特定行业或职业实际工作需要的应用型高层次专门人才为目的，侧重理论与实践相结合的创新型人才培养。专业学位硕士研究生培养过程中常遇到的人才培养与行业需求脱节、专业学位与学术学位培养模式同质化等问题，说明专业学位工程硕士不仅需要教授理论，更需要实践指导。全日制专业学位研究生的学术能力、实践能力的培养在学校内主要是由其导师指导完成的，因此一支专业素质强、工程能力水平高的导师队伍是实现培养目标的重要保障之一。这就需要建设一支师德高尚、行业从业经验丰富、理论和实践教学水平高超、专兼结合、特色鲜明的"双师型"师资队伍。

"双师型"教师是指具有中级及以上教师职称，又具备下列条件之一的专业课教师：

（1）有本专业实际工作的中级及以上技术职称（含行业特许的资格证书、有专业资格或专业技能考评员资格者）。

（2）近五年中有两年以上（可累计计算）在企业第一线从事本专业实际工作的经历，或参加教育部组织的教师专业技能培训且获得合格证书，能全面指导学生专业实践实训活动。

（3）近五年主持（或主要参与）两项应用技术研究（或两项校内实践教学设施建设及提升技术水平的设计安装工作），成果已被企业（学校）使用，达到同行业（学校）先进水平。

"双师型"教师队伍建设有利于提升校内导师对研究生在校外实践时的参与度，导师在对研究生进行理论知识传授的同时也进行实践技能辅助指导，锻炼学生理论与实践的结合能力，最终有助于学术和工程能力的同时提升。

由于"双师型"教师具备企业相关经历，有利于引导学生了解行业相关动态及单位需求，根据社会需求帮助学生尽早明确职业目标。

2. "双师型"教师队伍建设措施

为适应高水平应用型大学建设和应用型人才培养需要，以强化工程能力提升为目的，船舶与海洋工程学科全面贯彻落实全国教育大会精神，以学校双师型制度文件为指导，坚持培养与引进结合、专业进修与实践锻炼并重，建设一支师德高尚、行业从业经验丰富、理论和实践教学水平高超、专兼结合、特色鲜明的"双师型"师资队伍，为高水平应用型大学建设提供师资保障。以加强宣传、注重培养、广开渠道、搭建平台和完善制度等途径，开展双师型教师队伍建设。

（1）加强宣传，强化"双师"素质意识。通过多种宣传途径，不断强化"双师型"教师在高水平应用型大学建设和应用型人才培养过程中的重要性。激励和引导广大教师树立终身学习理念，强化提升"双师"素质的意识，以增强"双师型"教师队伍建设的自觉性。

（2）注重培养，提升教师"双师"素质能力。

1）鼓励教师到国内外知名企业、校办产业、校研发机构，顶岗工作、实践锻炼，努力实现教师与企业、理论与实践的"零距离"对接。鼓励教师积极开展科技开发、技术服务和项目研制等生产科研活动。山东交通学院船舶与海洋工程学科部分教师实践情况见表3-1。

表3-1　山东交通学院船舶与海洋工程学科部分教师实践情况

序号	教师	时间	实践单位	实践内容
1	张伟	2011	山东航宇船舶有限公司	船舶设计和建造
2	丁刚	2012	乳山船厂	船舶设计和建造

续表

序号	教师	时间	实践单位	实践内容
3	许娜	2012	乳山船厂	船舶设计和建造
4	潘义川	2014	沪东中华船厂	船舶设计和建造
5	陈哲	2015	青岛恒安达游艇有限公司	游艇设计和建造
6	孙洪源	2016	中国海洋大学	研究生培养
7	宋磊	2016	南安普敦大学	船舶与海洋工程人才培养
8	杨卓懿	2016	南安普敦大学	船舶与海洋工程人才培养
9	陈哲	2018	奥克兰大学	游艇设计
10	王凯	2019	西港游艇	游艇设计和建造

2）鼓励教师以横向课题形式承接企业项目研发任务，开展科技服务，承担科研项目，促进企业转型升级，促进研究成果转化，提高教师的技术开发和革新能力。

3）鼓励教师积极参加由政府主管部门、行业协会等权威机构组织的与本专业实践技能相关的国家职业资格、专业技术任职资格、职业能力认证及职业技能鉴定考评员等资格认定。

4）邀请企事业单位高管或工程技术专家等具有丰富实践经验的专业技术人员，对相关专业教师进行校内实践培训。聘请实践经验丰富又能胜任教学任务的企业技术骨干或行业专家作为校外导师承担教学任务，并定期组织教师现场观摩学习。

（3）广开渠道，充实"双师型"师资队伍。

1）加大"双师型"师资的引进力度。从企业或相关行业技术部门引进实践经验丰富、通技术、会管理的专业技术人员，充实到教学一线。2016 年至今学科引进 7 名具有学科相关行业企业工作经历专任教师，其中 2 两名高级工程师、5 名中级工程师。

2）提高兼职"双师型"教师比例。为每名硕士生选配一名校外导师，积极推进产业教授选聘工作，面向社会、企事业单位选聘有经验的企业家、高级工程师等作为兼职教师，逐步形成较稳定的兼职"双师型"教师队伍。

（4）搭建平台，加强"双师"素质培训基地建设。

1）加大校内实验实训中心投入，积极为教学、科研、科技服务创造条件。依托山东省高校重点实验室、工程中心建立师资培训基地，为教师提供实践锻炼的平台。有计划地安排专业课教师参与实验室和实训中心建设，并承担实验、实习教学任务。

2）加强校外培训基地建设。学校与地方政府、科研院所、交通行业企业深度合作，重点建设产学研用合作平台，并签订产学研协议。建立人才培养、科学研究、学生实践、社会服务相融合并协同发展的产学研用一体化机制。

（5）完善制度，建立健全激励保障机制。

1）根据"双师型"教师的特点，采用多元评价模式，形成激励导向作用。进一步优化"双师型"教师培育、评价、考核、激励机制，以利于"双师型"师资队伍不断壮大和优秀的"双师型"教师脱颖而出。

2）学校为兼职"双师型"教师从事教学实践活动提供相应的工作、生活条件，打通学校和行业企业的人才流通渠道。

3. "双师型"教师建设建设成效

经过近几年实践和建设，山东交通学院船舶与海洋工程专业通过加强宣传、注重培养、广开渠道、搭建平台措施加强"双师型"教师队伍建设，取得了较好效果，现有教师 17 名，双师型比例 100%，详见表 3-2。

表 3-2　船舶与海洋工程专业双师型教师情况表

序号	教师	学位	职称	工程经历	工程能力	相关证书	是否为双师型	建设途径
1	于利民	硕士	教授	江苏现代造船技术有限公司	船舶设计	高级制图员三级证书	是	培养
2	潘义川	博士	副教授	江苏现代造船技术有限公司	船舶生产设计	三维 CAE 工程师	是	培养
3	孙洪源	博士	副教授	青岛立行车船有限公司 1 年	游艇初步设计	三维 CAE 工程师	是	培养

续表

序号	教师	学位	职称	工程经历	工程能力	相关证书	是否为双师型	建设途径
4	丁刚	硕士	副教授	乳山船厂	船舶电气设计	三维 CAE 工程师	是	培养
5	许娜	硕士	讲师	乳山船厂	船舶详细设计	三维 CAE 工程师	是	培养
6	陈哲	硕士	讲师	青岛恒安达游艇有限公司	游艇生产设计	三维 CAE 工程师	是	培养
7	贾凤光	硕士	讲师	阿特拉斯科普柯（上海）工艺设备有限公司 1 年	船舶设计	CAD 技能考评员	是	引进
8	宋磊	博士	教授	哈尔滨工程大学科技研究公司	船舶三维设计	工程师	是	引进
9	杨卓懿	博士	副教授	哈尔滨工程大学科技研究公司	海洋工程设计	三维 CAE 工程师	是	引进
10	彭欣	博士	讲师	浙江大学舟山海洋研究中心 3 年	船舶防污染设计	工程师	是	引进
11	高博	硕士	讲师	中船黄埔文冲船舶有限公司 2 年	船舶生产设计	工程师	是	引进
12	于福临	博士	讲师	中集来福士海洋研究院 2 年	船舶详细设计	工程师	是	引进
13	孙承猛	博士	讲师	渤海装备辽河重工有限公司 10 年	船舶初步设计	高级工程师	是	引进
14	林海花	博士	讲师	渤海装备辽河重工有限公司 10 年	船舶详细设计	高级工程师	是	引进
15	王凯	学士	讲师	黄海船厂 8 年	船舶生产设计	工程师	是	引进
16	王瑶	硕士	讲师	中集来福士海工研究院 8 年	海洋工程详细设计	工程师	是	引进
17	周佳	硕士	讲师	渤海装备辽河重工有限公司 7 年	船舶详细设计	工程师	是	引进

第 2 节　校内外导师遴选考核制度

1. 校内外双导师制的背景

专业学位研究生教育以培养具有扎实理论基础，并适应特定行业或职业实际工作需要的应用型高层次专门人才为目的。对于学术型硕士来说，单一校内导师不能很好地满足专业学位研究生培养目标中的应用型要求，导致研究生工程能力缺乏。为强化研究生工程能力，需要建设一支同时满足学术水平和应用型人才培养要求的导师队伍，一名研究生配一名校内导师和一名校外导师成为现在专业学位研究生培养的趋势。2009 年，教育部下发了《关于做好全日制硕士专业学位研究生培养工作的若干意见》文件，意见指出：不断改革创新研究生教育的培养模式，广泛吸纳社会各界的资源，建立健全"双导师制"，联合校内外导师一起培养研究生。2017 年，教育部、国务院学位委员会颁布的《学位与研究生教育发展"十三五"规划》也进一步提出完善"双导师制"的要求，强调应"聘任相关学科领域专家、实践经验丰富的行业企业专家及境外专家，优化导师队伍结构"。

在国家政策指引下，近年来校内外"双导师制"专业学位研究生培养成为一种趋势，各个培养单位不同程度地开展了校内外"双导师制"建设和实践，并根据自身实际情况提出不同措施，并取得了一些经验和效果。

但是专业学位研究生培养过程中也遇到了一些问题，校内导师不注重研究生实践能力和研究生工程实践积极性，甚至部分老师自身实践能力不足；随着专业学位研究生扩招，校外导师数量出现较大缺口，部分学科研究生校外导师称号对申请人工作帮助不大，不利于申报，造成遴选难度大；校外导师由于时间和地点等主客观因素，管理难度大。

如何协调各方利益，完善制度保障，解决各级矛盾，使校内外"双导师制"实现利益最大化，是现在培养单位需要解决的重点问题之一。

2. 校内外导师职责

研究生导师是研究生培养的第一责任人，负责正确引导研究生，使其在思想上、学术上和实践能力上均有所提高，同时兼顾关怀研究生的日常生活。具体来说，校内外导师包括以下职责。

（1）负责引导研究生树立正确的世界观、人生观、价值观，坚定为共产主义远大理想和中国特色社会主义共同理想而奋斗的信念等，进一步提升研究生的思想政治素质。

（2）培养研究生的学术创新能力，统筹安排实践与科研活动，强化学术指导，培养研究生的创新意识和创新能力，激发研究生的创新潜力。

（3）培养研究生的实践创新能力，培养研究生提出问题、分析问题和解决问题的能力，注重理论与实践的结合，提升工程实践能力，达到《山东交通学院全日制专业学位硕士研究生专业实践管理办法（暂行）》文件中对实践指导的要求。

（4）增强研究生的社会责任感，引导研究生为人民和为社会服务的责任感。

（5）指导研究生恪守学术道德规范，加强研究生诚信教育和引导，杜绝学术不端行为，提升学术道德涵养。

（6）优化研究生培养条件，积极为研究生的学习和成长创造条件，与行业多家知名企业开展校企合作，建立共建平台、实践基地，鼓励学生参加各类学术活动等。

（7）注重对研究生的人文关怀，加强人文关怀和心理疏导，关注研究生的就业压力，引导研究生做好职业生涯规划，关心研究生生活和身心健康。

研究生教育是培养高层次专门人才的重要途径，研究生导师肩负着培养高层次创新人才的使命与重任，校内外导师在教书育人过程中承担着立德树人的责任，研究生导师全面落实教育部《关于全面落实研究生导师立德树人职责的意见》（教研〔2018〕1号）。

3. 校内外导师遴选条件

校内外导师应热爱研究生教育事业，熟悉国家有关研究生教育的政策法规，具有高尚的职业道德、严谨的治学态度，能认真履行导师职责，身体健康。

校内外导师应具备指导研究生的能力和足够的指导时间，具有较高的科研水平、丰富的教学或工程实践经验、丰富的科研经验等，且具有硕士及以上学位、副教授（或相当）及以上专业技术职务。山东交通学院船舶与海洋工程学科研究生指导老师遴选条件和要求可参照《山东交通学院硕士研究生导师聘任与管理办法》，详见附录 C。

4. 校内外导师考核条件

专业学位研究生教育侧重理论与实践相结合的创新型人才培养，与学术型研究生培养存在较大区别。导师考核时应充分考虑这一差异，制定合理的考核制度，明确考核目标。考核不能只局限在科研和学术能力方面，研究生工程能力提升也要作为重要的一点进行考核，同时也要对导师的教书育人和立德树人等方面进行考核。

建立校内外导师的日常科研、实践、论文等指导管理及考核标准；加强监督，形成竞争机制，量化考核标准，增设导师岗位津贴；明确不合格标准，不断调整导师队伍，打破导师终身制。

注重校内导师实践活动的考核和激励，考核教师与学生的实践交流和合作全过程，对表现优秀者给予一定的津贴和精神激励，如校内导师达到"双师型"标准，给教师发放证书。

山东交通学院船舶与海洋工程学科研究生导师每年对研究生培养职责履行情况进行总结，并按《山东交通学院研究生导师岗位管理办法（试行）》进行考核。

第 3 节　教师国际化水平提升方案

经济全球化的发展，加速了国际竞争，人才成为竞争的关键因素，教育又是人才输出的关键。"十三五"规划提出，高校继续深化实施"人才强校"主战略，加快国际化发展。因此，高等教育要积极寻求改革，提升教育国际化水平。大学教师国际化水平提升是高等教育国际化的重要途径。

1. 教师国际化培养途径

参考相关政策，采取各种措施支持和鼓励教师"走出去"，如访学、学术交流；同步"引进来"，如邀请国际知名学者来校作报告或进行学术交流。在学校内部开展外语培训，培养教师群体教学、科研的国际化意识；形成制度文件，积极拓宽交流渠道，支持和鼓励教师赴海外进修或学术交流，给予经费和津贴，考核时给予优秀者物质或精神奖励。

（1）教师走出去研修。参考相关政策，采取各种措施支持和鼓励教师出国研修，如专业进修培训、访学、授课等，鼓励争取国家公派和学校公派访学，同时也支持教师自费访学，教师出国后做好教师配套保障，让教师安心学习国外前沿技术和人才培养方式，体验异域文化，接触不同背景学者；达到教师教学、科研国际化水平提升的目的。

近年来，山东交通学院多名船舶与海洋工程学科青年教师参与国际交流活动，通过访学，英语水平、教学和科研水平都有较大幅度提升。教师国际交流情况见表 3-3、图 3-1。

表 3-3　教师国际交流情况

序号	教师	时间	单位/会议名称	地点	交流形式
1	宋磊	2016	南安普敦大学	英国	访学
2	杨卓懿	2016	南安普敦大学	英国	访学
3	陈哲	2018	奥克兰大学	新西兰	访学
4	孙洪源	2018	ISOPE-2018	日本	会议
5	于福临	2018	ISOPE-2018	日本	会议
6	潘义川	2018	6th International Conference on Mechanical, Automotive and Materials Engineering	中国香港	会议
7	高博	2019	6th International Summit on Hadal Zone Exploration: Progress and Challenges	中国浙江	会议

（2）国际学术交流。引导和鼓励教师积极参与国际学术交流，在国际学术期刊上发表高水平学术论文，参加高水准国际学术会议和论坛等，展示科研成果，进行学术交流，并对教师给予资金支持。

近年来，学科多名教师参加国内外知名国际会议，并在会议上做报告，锻炼了教师英语交流能力，提高了教师科研水平，如图 3-2 所示。

（a）宋磊

（b）陈哲

图 3-1　教师出国访学照片

（a）于福临

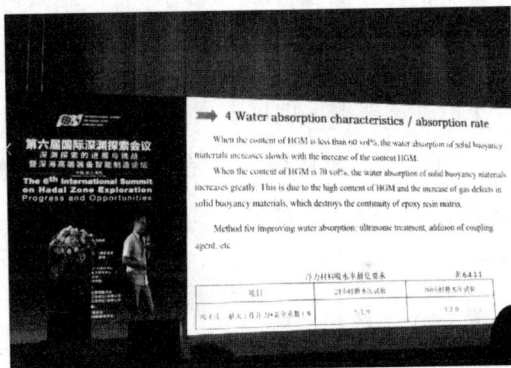
（b）高博

图 3-2　教师参加国际学术会议

加强与国外高校和科研机构教学科研的交流和合作，邀请国际知名学术大师、学者来校访问、交流，给学科教师作报告等。

（3）教师自身国际化水平提升。教师国际化水平的提升，不仅仅要依靠出国"镀金"，更重要的是依靠教师自身国际化意识的提升。

开展外语培训，支持教师参加学校定期举办的教师外语培训班。学科内组织外语培训，教师通过"传帮带"，即有国外经历教师对其他教师进行外语培训，提升外语水平，提高外语考级通过率，以便申请公派出国。

培养教师群体教学、科研的国际化意识。优化培养方案，开设双语课程，指导学生参与国际创新竞赛等，培养教师教学活动的国际化意识。有条件可举办国际学术会议或论坛，同时鼓励教师积极参与，多接触国际知名学者，了解最新技术，提升教师的科研国际化水平。

2. 教师国际化水平提升制度保障

（1）制度保障。

1）访学渠道。形成制度文件，积极拓宽渠道，支持和鼓励教师赴海外进修深造或进行学术交流。可利用政府公派出国渠道，依托学校平台，积极申请交通行业公派留学等。

2）经费保障。在提升教师国际化水平的过程中，关于出国访学或短期国际学术交流的经费问题，除公派留学外，学校层面可多渠道筹措资助经费，按照国家公派出国留学的资助标准对其出国期间的生活费用进行全额的经费资助，并支持青年教师从课题、项目中列支部分经费，为其访学活动提供充分的经费保障。

3）工资津贴政策。为提高教师访学成效，高校应在政策允许的范围内，在教师访学期间继续发放教师的部分工资待遇，为教师缴纳社会保险等，确保教师待遇。

（2）考核和评价制度。以提升教师国际化水平为导向，进行教师国际化教学质量评价和考核，出国访学和短期国际学术交流应注重考核和评价过程监督与结论性的有效结合。

针对教师出国访学、学术交流等，建立效益评估机制，确保留学和学术交流有较好效益，最终提升教师国际化水平。出国前明确考核要求，明确出国目的；如听国外教师、学者讲课，每周总结，针对部分专业课程开展双语教学等。

教师回国后教师接受学校组织的考核，对考核不合格的教师进行相应的违约处理，同时分析不达标的原因。对完成结果优秀的教师，公开进行嘉奖，如给予一定的物质奖励或科研经费，同时鼓励完成结果优秀的教师做公开讲座或报告，对学科内教师进行培训，将经验和成果分享给教师和学生。

（3）聘任要求。学校针对中青年教师竞聘高级职称时明确教师应具备访学交流经验等，45 周岁以下教师竞聘教授的，及 40 周岁以下教师竞聘副教授的，须有下述国（境）外访学交流经历之一。

1）国（境）外取得学位、联合培养博士生等海外学习经历。

2）国家、省、学校公派访问学者、合作研修及学校认可的其他留学经历。

3）参加在国（境）外举办的国际会议等学术交流活动。

4）以全外语方式为我校本专科生、留学生完整讲授一门课程视同达到国（境）外访学交流经历要求（以教务处、国际合作与交流处认定为准）。国（境）外访学交流经历可累计，且不做有效期限制。须提供有效的证明材料（海外高校毕业证、留学回国证明、国际会议邀请函及会议交流论文邀请函、任务批件、出入境记录等），由国际合作与交流处负责认定。

第4章　强化工程能力提升的实践基地建设

经过十余年相关工作的开展，我国专业学位研究生培养取得了一系列突出成就，社会认可度逐渐提升，但通过调研和对前期工作的总结，发现目前专业学位研究生培养仍然存在很多亟待解决的问题，其中最为核心的问题就是研究生的工程实践能力和创新能力弱，进入工作单位后对岗位的适应周期长，自我发展不突出，因此必须采取合适的改进措施，优化专业学位研究生的培养，提升工程能力，提高其综合素质和能力。其中，通过校企合作建立研究生联合培养基地和实践基地，建设产学研并行的联合教育平台，是解决上述问题的有效途径。

第1节　研究生联合实践基地建设的不足之处

联合实践基地的建设能打破高校和企业之间的隔阂，促进研究生工程实践能力的提升。实践基地成为连接高校与企事业单位的科研交流和人才培养重要平台，在行业内形成了一定的影响力，得到社会各界的关注和认同。但是，现有研究生联合实践基地在实践和运行过程中仍然存在许多不足。

1. 研究生联合实践基地建设数量少

近年来，随着研究生招生人数特别是专业学位研究生招生人数的不断增加，原有的实践基地数量上相对不足，制约了研究生工程实践工作的开展；另一方面，一些研究生实践基地在建设上存在"重签约、少培育"的问题，很多时候只是签订合作协议后就束之高阁，流于形式和表面，虽然看起来建设了许多实践基地和联合教育基地，但最后真正运行的较少，研究生工程能力提升更是难以实现。

2. 研究生实践基地制度建设不完善

很多研究生实践基地建设主要来源于过去本科生认知实习的相关企业或部分

老师个人资源，这种合作不能体现校企双方的真实需求，从实践基地的筛选、建立、日常管理、研究生在实践基地期间的学习、培训乃至收入等方面都缺乏相应的制度文件支撑，存在风险和不稳定性，导致很多实践基地联合建设"重签约、轻实施"。

3. 高校教师对研究生实践基地工作开展不重视

部分研究生导师对于研究生培养观念还较为僵化，还习惯于传统的"课程+论文"的研究生校内培养模式，认为研究生到实践基地参与相关工程项目实践工作妨碍了教学和科研工作的开展，对研究生联合培养和工程实践积极性较低，抵触甚至拒绝研究生到实践基地参与相关工程实践工作，教师本人也很少到实践基地学习和交流。徐伟等人对山东省级产学研培养基地建设一期工程中的 9 所高校进行调查分析后发现，"认识不到位或积极性不高"这个问题较为普遍。

4. 企业方面对于联合培养研究生的动力不足

虽然通过联合实践基地的建立能够加强高校和企业的交流，促进技术和科研成果的落地转化，但由于双方承担的社会责任不同，企业发展的目的是追求经济效益，而学校的目标是培养和教育人才，双方工作开展的目的性差异较大，导致很多企业对研究生联合培养的内生动力不足。另一方面，为了保证研究生实践工作的开展，目前各高校建立实践基地的联合对象主要是相关行业的大型企事业单位，许多校外导师本身承担着较重的科研和事务工作，与研究生交流和联系较少，对研究生的指导时间不足，难以对研究生给予实际意义的指导，未能充分发挥企业方校外导师的作用。

5. 研究生个人积极性不高

由于专业学位研究生培养时间相对较短，许多高校研究生培养方案仍以理论知识学习为主，对实践型和应用型课程设置不足。授课教师本身缺乏相关工程实践经验，导致研究生对进入实践基地准备不足，进入工程项目实践后频繁受挫，挫伤了积极性。此外，研究生本人认为到实践基地参加实践实习仅仅是为了满足学校相关规定的要求，是获取学位的需要，由于研究生学制和个人精力、水平的限制，要在短短一年的时间里顺利完成学校和企业两项课题任务存在很大难度，研究生更关注的还是论文发表、专利申请等方面，对于认真参与一线实践工作的积极性不高，与校外导师的主动交流也较少，最终导致个人工程能力不足。

第 2 节　校企联合实践基地实施优化方案

为解决联合实践基地在建设和运行中的不足，学校、企业单位和研究生多方力量应共同努力，最终实现研究生工程能力提升的目的。可采取如下措施和方式，来完善实践基地建设和运作。

1. 合理规划，加强实践基地建设

一方面，拓展合作途径，在选择合作单位时不应局限于行业大型企业，市场发展前景较好、掌握一定技术和较强创新能力的中小型企业也应纳入合作单位范畴。中小型企业往往更加灵活，对市场敏感性更强，对人才需要也更为迫切。另一方面，加强对实践基地的考核和管理，对于不再适应人才培养发展的实践基地，应该积极加强沟通，避免只存在于协议上的联合实践基地的产生。

2. 建立健全制度，完善研究生实践基地管理

根据上级主管部门相关规定，及时制定和出台研究生联合培养实践基地的遴选、组建、研究生培养保障、双方权利与义务、实践基地的退出等方面的相关政策制度，保证联合培养基地的规范化运行。可以通过组织行业相关专家成立监督小组或评价小组的形式，对实践基地的运行、人才培养质量进行评估，从而保证成立的联合实践基地达到预期效果。

3. 加强"双师型"队伍建设，增强校内导师实践能力提升

建立专业教师到企业服务和锻炼的机制，鼓励校内导师到实践基地和合作企业进行锻炼和开展项目研究，将高校教师到企业学习和实践锻炼纳入研究生导师选聘、日常考核、职称评聘等体系，提高校内导师对研究生联合培养的认同度和积极性。此外，组织校内导师将科研项目和成果与企业需求对接，校企协同开展理论研究和技术创新，理实结合，推动最新科技成果的转化，实现校企人的全面提升。

4. 多方运筹，提升企业参与驱动力

目前绝大多数实践基地的合作企业在研究生联合培养期间没有获得直接利益，这就需要加强校企合作与交流，明确高校与企业双方的分工、责任和权益，建立双赢的合作培养机制。在联合培养过程中，一方面，应借助高校在信息和技术方面的优势，为企业在生产和研发过程中遇到的困难进行联合攻关，将相关技术成果通过实践基地进行转移转化，提高企业的创新能力和核心竞争力；另一方面，对企业员工组织各类培训和技术指导，将企业人员到高校研修常态化，提升企业人员的能力；再者，学校方面可以利用自己在相关领域的资源积极呼吁对参与联合实践基地的企业进行一定的政策扶助和倾斜，激发合作单位对联合培养研究生的参与主动性、积极性。

5. 优化培养模式，加强过程管理，保障研究生实践落实

专业学位硕士研究生在培养过程中应以实际应用为导向，以职业需求为目标，以综合素养和应用知识与能力的提高为核心。一方面，在培养方案制定时应注重实际应用，在课程设置与教材选用时强调理论与实践结合，强化工程能力，突出专业实践和工程实践在培养中的重要地位；另一方面，在研究生实践过程中加强管理和考核，健全和完善联合培养研究生的监督、考核及评价体系，保证校企联合培养研究生的质量；再者，校外导师参与研究生培养全过程，研究生毕业论文应与实践基地工程项目相关，逐步建立"过程管理""学习成效"为主的研究生综合评价体系。

第3节 山东交通学院船舶与海洋工程研究生实践基地建设

建立实践基地是提升研究生工程能力的重要举措，能够促进校企资源的软硬件互通、资源共享，发挥学校与企业各自在人才培养和企业实践方面的优势。山东交通学院船舶与海洋工程领域自2012年开始招收专业学位研究生以来，一直把校企联合作为研究生培养的重要手段和方式，提升学生的工程实践能力和综合素质，为船舶与海洋工程行业提供人才支撑。

1. 船舶与海洋工程领域联合实践基地建设

为提高船舶与海洋工程领域专业学位研究生的综合素质和培养水平，学校以创新应用型转变、工程能力强化提升为理论基础，紧紧围绕培养目标，以提升工程能力为中心，确定校企共建、教学与实践并举的人才培养新模式，取得了良好的效果。

（1）依托行业背景优势，拓展实践基地建设。随着国家建设"海洋强国"的推进，船舶已成为覆盖机械、材料、信息、通信等行业的综合领域。学院依托船舶工业协会、联盟等，将实践基地建设范围由传统的船舶制造拓展至船舶与海洋工程设计、生产制造、仿真优化和船舶服务等全产业链条。

学校先后与中集海洋工程研究院有限公司、山东航宇船业集团股份有限公司、杭州万维镜像科技有限公司、山东山大华天科技集团有限公司等单位建立研究生联合培养基地，部分代表性联合实践基地见表 4-1。部分联合基地建设图片如图 4-1 所示。

表 4-1　山东交通学院船舶与海洋工程领域部分代表性联合实践基地

实践基地名称	合作单位	地点	建立时间	基地及实践内容简介
船舶修造实践基地	山东航宇船业集团股份有限公司	济宁	2014 年 6 月	主要以高速近海游艇、内河航运船舶为经营范畴，拥有良好的装设备条件和优秀的工程团队。每名研究生均配备一名工程经验丰富的技术人员，在企业导师和校内导师的联合指导下，通过在企业一线工程项目的实践，进一步提高综合能力，并完成自己的毕业论文相关工作
船舶与海洋工程领域专业硕士研究生教育联合培养基地	中集来福士海洋工程有限公司	烟台	2013 年 9 月	主要从事自升式平台分段建造、桩腿建造、钻井系统安装及整船调试等业务。致力于打造全球最大、最先进的自升式钻井平台生产建造基地，同时也是国家海洋工程装备研发、试验、制造基地。每名研究生均配备一名工程经验丰富的技术人员，在企业导师和校内导师的联合指导下，通过在企业一线工程项目的实践，进一步提高综合能力，并完成自己的毕业论文相关工作

实践基地名称	合作单位	地点	建立时间	基地及实践内容简介
船舶软件建模开发研究生实践基地	山东山大华天科技集团股份有限公司	济南	2013 年 9 月	主要从事电力电子技术、软件开发、网络集成等领域，主要产品先后被列入国家级火炬计划、国家"863"计划、国家科技成果重点推广计划、国家级新产品；荣获国家科技发明奖，国家科技进步二等奖，山东省科技进步一、二、三等奖，山东省企业技术创新奖；承担多项山东省科技攻关项目、山东省技术创新项目，拥有多项国家专利。每名研究生均配备一名工程经验丰富的技术人员，在企业导师和校内导师的联合指导下，通过在企业一线工程项目的实践，进一步提高综合能力，并完成自己的毕业论文相关工作
海洋仪器仪表实践基地	山东省科学院海洋仪器仪表研究所	青岛	2011 年 8 月	主要从事海洋环境监测领域的基础研究、应用基础研究、关键共性技术研究及相关成果转化。每名研究生均配备一名工程经验丰富的技术人员，研究生在企业导师和校内导师的联合指导下完成相关科研和工程项目工作，并完成毕业课题
山东交通学院船舶虚拟操作平台设计研发基地	杭州万维镜像科技有限公司	杭州	2017 年 4 月	公司依托浙江大学，是以 GIS 产品研发、空间数据库建设和土地利用总体规划设计为核心业务的高新技术企业。公司拥有软件企业认证资质、地理信息系统测绘资质、土地利用规划设计甲级资质，拥有 37 项软件著作权，通过了 ISO9001 认证和 CMMI3 软件企业国际认证。每名研究生均配备一名工程经验丰富的技术人员，研究生在企业主要从事船舶虚拟操作平台设计开发工作，并通过相关工作，为毕业论文奠定基础
船舶与海洋工程游艇设计建造联合实践基地	威海西港游艇有限公司	威海	2013 年 7 月	公司主要致力于游艇、帆船及中小型玻璃钢渔船设计制造相关工作。经过多年努力已取得相关资质认证，并通过与澳大利亚等合作进一步提升了设计能力与生产技术。公司拥有熟练职业的设计人员、标准化生产加工车间和专业化的施工队伍。每名研究生均配备一名工程经验丰富的技术人员，在企业导师和校内导师的联合指导下，通过在企业一线工程项目的实践，进一步提高综合能力，并完成自己的毕业论文相关工作

续表

实践基地名称	合作单位	地点	建立时间	基地及实践内容简介
船舶设计制造实践基地	中航威海船厂有限公司	威海	2013 年 8 月	公司主要从事各种型号散货船、集装箱船等设计制造，拥有大型船台、龙门吊等设备，能满足各种船舶建造要求。每名研究生均配备一名工程经验丰富的技术人员，在企业导师和校内导师的联合指导下，通过在企业一线工程项目的实践，进一步提高综合能力，并完成自己的毕业论文相关工作
山东交通学院研究生船艇设计制造实践基地	青岛昊运船艇制造有限公司	青岛	2015 年 4 月	公司拥有专业的工程技术团队和船艇建造设计的各种软硬件设备，可按用户要求设计、制造各种用途的机动船艇及各类游艇，年生产 600 多条各类船艇。同时，公司还是山东省海洋与渔业厅指定的休闲海钓船研发与制造基地。每名研究生均配备一名工程经验丰富的技术人员，在企业导师和校内导师的联合指导下，通过在企业一线工程项目的实践，进一步提高综合能力，并完成自己的毕业论文相关工作
海斯比船艇设计制造实践基地	深圳海斯比船艇科技发展有限公司	深圳	2014 年 7 月	主要从事高速高性能船艇及豪华游艇研发设计、生产与销售，是首批国家认定的高新技术企业中唯一的船艇行业企业。我校研究生在企业导师指导下从事游艇外形与内装设计开发、游艇新型复合材料研发等相关领域工作，通过参与实际工程项目，提高综合能力，并完成自己毕业论文相关的数据搜集整理
山东交通学院轮机工程管理实践基地	渤海轮渡股份有限公司	威海	2014 年 7 月	公司是中国国内规模最大、综合运输能力最强的客滚运输企业，企业针对航运、轮机维护与维修开展技术革新研究。每名研究生均配备一名工程经验丰富的技术人员，在企业导师和校内导师的联合指导下，通过在企业一线工程项目的实践，进一步提高综合能力，并完成自己的毕业论文相关工作

图 4-1　山东交通学院校企联合实践基地建设

（2）完善制度体系，汇聚校内外资源保障实践基地建设。完善的制度是联合培养开展的重要保障，为避免研究生联合培养形式化和文件化，充分调动企业、校内导师和校外导师的积极性，山东交通学院先后制定了《山东交通学院硕士研究生导师聘任管理办法》《山东交通学院校外硕士研究生指导教师选聘管理办法》《山东交通学院全日制专业学位硕士研究生实践教学管理办法》《山东交通学院研究生合作培养基地建设管理办法》《山东交通学院专业学位硕士研究生学位论文要求》《山东交通学院全日制专业学位硕士研究生专业实践管理办法（暂行）》《山东交通学院硕士学位授予工作实施细则（暂行）》《山东交通学院关于加强"双师型"师资队伍建设的意见》等一系列管理制度和办法，建立完善的联合基地申报、批复、管理、考核和动态调整机制，保证校企合作落到实处；建立和健全了校外导师的遴选、考核和动态退出制度，将所指导的研究生的实践情况和毕业论文评审情况纳入校外导师的考核要求；将校内导师参与工程实践和双师型教师培养纳入学校教师的任期考核，使学校专业教师也积极参与工程实践。通过健全和完善制度建设，为校企联合基地的科学管理和考核提供保障。

（3）强化过程管理和考核，提升研究生工程能力。依据培养目标定位，按照四维一体的联合培养途径，采取"四个一"的考核目标。根据研究生自身特点和联合实践基地发展情况，选派研究生到联合培养基地进行船舶与海洋工程设备设计、制造、建模、仿真等实践，由校内外导师共同为研究生制订详细的专业实践计划，指导其开展实践学习，并根据实践期间所参与的实际工程项目选定学生毕业论文题目。在整个实践工作期间，建立研究生定期汇报交流制度，研究生每月向导师和学院研究生管理部门提交实习总结，实践完成后撰写和提交实践报告，并组织相应考核，通过考核后才能获得相应的学分。通过强化研究生在实践过程中的管理和考核制度，提升研究生的工程能力，保障专业学位硕士研究生的培养质量。

2. 典型案例

中集海洋工程研究院有限公司是我国海洋工程平台装备研发龙头企业，围绕我国海洋平台技术短板，经过多年研究突破了半潜式平台、水下无人无缆潜器等行业重大关键技术 50 多项。学院与中集海洋工程研究院有限公司围绕船舶与海洋平台优化设计、大型豪华游艇设计与评价等企业急需解决的工程项目开展多方面联合攻关，建立研究生联合培养基地。双方选派人员成立联合管理和协调专家组，确定和细化联合培养基地的发展方向和管理制度，推进联合基地各方面建设。先后联合培养学生 20 余人，为企业培训技术人员 30 余人次；邀请企业技术负责人到山东交通学院参与研究生人才培养方案制定、培养模式优化与改革、研究生课程授课；引进企业专家作为研究生校外导师，全程参与研究生的培养。通过上述工作的开展，有力提升了双方的发展，双方共建的研究生联合实践基地于 2016 年获批山东省省级联合教育基地。研究生刘振明通过在该实践基地为期一年的实践锻炼，对豪华游艇内装设计、施工有了更加深刻的认识，在实践结束后受到企业方的高度好评，并在毕业前与企业确定工作意向。结合实践工作发表学术论文一篇，授权专利一项，撰写的毕业论文《豪华游艇居住舱室舒适度综合评价研究》被评为山东省优秀研究生论文。

山东航宇船业集团股份有限公司是集船舶设计、建造和维修一体化的国家高新技术企业，为山东省内河船舶工程技术研究中心和山东省企业技术中心，是山东省知名的船舶修造企业。近年来，山东交通学院与该公司围绕内河集散两用船、LNG 燃料船、游艇设计与制造关键技术等方面开展合作，建立研究生联合实践基地。近年来先后联合申报山东省重点扶持区域引进急需人才项目、山东省重点研发计划项目、济宁市重点计划项目 10 余项；同时，学校老师承担了企业水陆两用车开发、船舶详细设计、船舶发动机振动优化等项目的研发工作，并将相关项目作为研究生的实践内容和毕业论文课题，先后组织多名研究生参与到该实践基地相关科研项目中。

山东山大华天科技集团股份有限公司是我国制造业信息化领域知名企业，先后荣获国家科技发明奖，国家科技进步二等奖，山东省科技进步一、二、三等奖等奖项。校企双方围绕船舶设计平台软件系统的开发开展联合攻关，建立研究生实践基地。邀请企业技术负责人担任研究生的校外导师，全程参与研究生的培养工作。研究生依据实践期间成果，先后获山东省研究生优秀实践成果奖二等奖 1 项，发表论文 10 余篇，获国家专利 2 项、软件著作权 2 项。

研究生李超、姜芳超依托实践基地杭州万维镜像科技有限公司相关技术，结合船舶与海洋工程领域相关需求，开发了一套应用于游艇设计与操纵方向的虚拟现实模拟系统，在山东航宇船业集团股份有限公司、威海西港游艇有限公司等单位得到有效应用，获得山东省研究生优秀实践成果奖三等奖。为浙江大学开发的"盾构推进液压系统虚拟仿真实验系统"成功入选教育部 2017 年度示范性虚拟仿真实验教学项目认定名单。

第5章　强化工程能力提升的教学方法研究与实践

第1节　项目–任务混合驱动教学方法

本节从专业学位硕士研究生工程能力的分析切入，分别介绍项目驱动法、任务驱动法、项目-任务混合驱动法的特点。项目-任务混合驱动教学方法，综合了项目驱动法和任务驱动法的优势，让学生在解决实际的工程问题过程中，掌握扎实的理论基础。

1. 专业学位硕士研究生工程能力分析

专业学位硕士研究生工程能力是一种多元性、复杂性的整体能力，主要体现在四个层面：内在创新素养、外在创新能力、理论知识掌握、理论与实践结合。专业学位硕士研究生工程能力构成如图 5-1 所示。

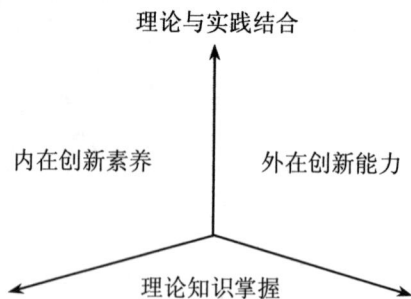

图 5-1　专业学位硕士研究生工程能力构成

（1）国外工程实践创新能力培养模式。国外研究生教育以德国和美国最具代表性，是两个典型流派。

德国研究生培养模式主要为学徒式，其师生关系是师傅带徒弟，招生、培养、科研、论文写作等均由导师负责，学生充当教授的助手，在导师指导下从事独立的科研活动，以取得有创见性的学术成果与代表学术水平的博士学位为目标。德国研究生教育特别强调科学研究在培养过程中的地位，教学的职能被相对弱化，但培养过程非常严格，博士生的实践创新能力较强。

在美国的研究生教育中，专业学位研究生以培养工程师和各类技术的专门人才为目标，强调教学、科研、协作并举和产、学、研统一，其专业学位培养既注重系统科学的知识学习，也要求结合工程或生产实际问题，是我国专业学位研究生培养的主要借鉴模式。美国学术学位研究生和专业学位研究生在一定条件下可以相互转换，专业学位研究生培养过程的标准化和培养类型的多样化贯穿整个培养过程，实行学校与企业联合培养以及规范化的组织管理，保证了专业学位教育的社会参与程度。

（2）国内工程实践创新能力培养模式。我国自 1991 年开展专业学位教育以来，专业学位教育种类不断增多，培养规模不断扩大，社会影响不断增强，在培养高层次应用型专门人才方面日益发挥重要作用，已成为研究生教育的重要组成部分。前期的专业学位研究生教育的培养对象主要是具有一定工作经历的在职人员，对在职人员业务水平和实践能力的提高发挥了重要作用。

随着我国经济社会的快速发展，社会迫切需要大批具有创新能力、创业能力和实践能力的高层次专门人才。教育部自 2009 年起，对研究生教育结构类型实行重大改革，增强研究生服务于国家和社会发展的能力，加大应用型人才培养的力度，促进人才培养与经济社会发展实际需求的紧密联系，除继续实行学术型研究生教育外，开展了以应届本科毕业生为主的全日制硕士专业学位研究生教育，不仅满足他们适应社会发展、提高专业水平、增强就业竞争力的需要，而且对于加快培养高层次应用型专门人才、满足社会多样化需求具有重大而深远的意义。

2. 项目驱动教学方法

项目驱动教学方法最早由教育家克伯屈于 1918 年在哥伦比亚大学的学报中提出。项目驱动教学方法以项目为中心，教师与学生围绕项目展开教育学的各个环节。其优点在于，能让学生沉浸于真实的工程中，参与项目调研、考察、设计、结题等过程，切实提高工程能力。

项目驱动教学方法具有以下优势。

（1）教学内容上——不再以"知识点"为线索，而是以"项目"为线索，以"子项目"为模块。

（2）教学方式上——由"学会"转为"会学"，促使学生自主学习和探索，加强学生的自学能力。

（3）能力培养上——培养创新精神和合作精神。项目的完成没有标准答案、统一路径。需要学生积极思考、摸索、讨论、交流，彼此取长补短，既调动了学生的学习积极性，又培养了他们的创新精神和合作精神。

（4）就业指向上——所有项目来源于真实的校企合作项目，为未来就业打下坚实基础。

项目驱动教学方法也同样具有一些不足。

（1）当项目过大时，对学生的理论知识体系要求较高，不适合教育基础薄弱的学生。

（2）当项目为真实的工程、科研项目时，对时间节点要求比较严格，不允许学生有过多的时间自我探索。

3. 任务驱动教学方法

任务驱动教学方法是教师根据教学目标提出有实际意义、符合学生知识水平的一个个任务，以完成任务为主线，把教学内容巧妙地隐藏于任务之中。学生完成任务，相当于完成了一个知识模块的学习，从而构建起新的知识体系。

任务驱动教学方法具有以下优势。

（1）任务驱动，以工作任务为中心。

（2）目标具体，内容实用。

（3）做学一体，打破理论与实践间的二元分离局面。

（4）培养学生发现问题、解决问题的综合应用能力。

（5）提高学生的主动参与意识，激发学生学习兴趣。

任务驱动教学方法同样存在着一些不足。

（1）任务的建立是基于某一门课程，而不是完全服务于实际工程，这种方法更适合于本科教学，在研究生教学中不足以培养实践能力。

（2）任务与任务之间仍是彼此割裂的，无法形成自上而下的宏观知识体系。

4. 项目–任务混合驱动教学方法

综合项目驱动教学方法和任务驱动教学方法的优势与劣势，针对专业学位研究生教学提出了项目-任务混合驱动教学方法。项目-任务混合驱动教学方法的实质就是"项目引导，任务驱动"，以教师为主导、以学生为主体、以项目为主线、以任务为目标，将需要学习的知识与理论隐含在一个或几个任务中，通过任务的开展来学习新知识，掌握新技能。项目-任务分解示意如图 5-2 所示。

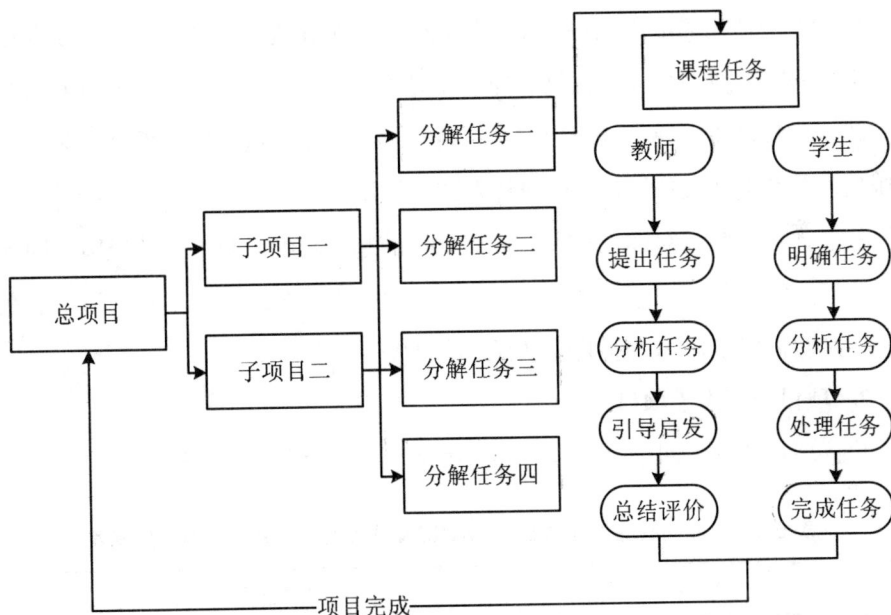

图 5-2　项目-任务分解示意

学生在学习过程中，知道所学内容在工程项目中可以做什么以及怎么做，解决了学生在学习过程中所学知识与实际工程脱节的问题。项目-任务驱动混合教学方法可以帮助学生解决实际工程问题，在解决问题的过程中更好地锻炼学生的工程能力，达到一举多得的目的。

第2节 项目–任务混合驱动教学方法实施过程

本节以山东交通学院的校企合作项目——"面向船海工程的 SINOVATION 软件的二次开发"为例，详细阐述项目-任务混合驱动教学方法的实施过程。

1. 项目简介

该项目为山东交通学院与山东山大华天科技集团股份有限公司的校企合作项目。依托该项目，学校共培养了 4 名专业学位研究生。

SINOVATION 软件由山东山大华天科技集团股份有限公司设计开发，是三维 CAD/CAM 一体化的应用软件系统，该软件具有最先进的混合型建模、参数化设计、丰富的特征造型功能，提供了经过业界验证的具有国际先进水平的 CAM 加工、冲压模具、注塑模具等应用技术，特别适合汽车、汽车零部件、机床、通用机械、模具及工艺装备等行业的设计及加工应用。

然而，在船舶与海洋工程领域，该软件的起步较晚，缺少相关经验。因此，2012 年至 2017 年，山东山大华天科技集团股份有限公司联合山东交通学院在游艇设计及数据轻量化等方面共同进行二次开发。

2. 项目分解为子项目

将该项目分解为四个子项目，并为每个子项目设定完成目标，具体见表 5-1。

表 5-1 "面向船海工程的 SINOVATION 软件的二次开发"项目分解表

序号	子项目	完成目标
1	船舶稳性计算与软件开发	在基于三角网格模型的船舶稳性计算系统的开发中，基于三维设计软件 SINOVATION 软件进行功能开发，使用 C++语言进行程序编写，整个系统通过输入三角网格模型、计算过程、输出计算结果三个步骤，实现了静水力计算、邦戏曲线计算、纵倾情况下要素计算、初稳性计算、大倾角稳性计算、破损船舶最终浮态确定等功能

序号	子项目	完成目标
2	游艇快速建模系统	分析游艇建模系统的潜在客户群的需求，根据深 V 型艇型的特征，结合游艇专业知识和有关方面的研究经验，深入研究了深 V 型游艇快速建模的实现方法，采用 Visual Basic 与 C++语言编程，基于 SINOVATION 平台，设计适合于深 V 型游艇的快速建模方法，贴合游艇设计习惯和生产实际，研发具备快速型值预处理功能的快速建模软件系统
3	钓鱼艇上层建筑快速建模	对深 V 型钓鱼艇上层建筑类型进行分析与研究，将深 V 型钓鱼艇上层建筑总结归纳分门别类，利用 Visual Basic 与 C++语言进行编程，基于 SINOVATION 软件平台设计开发出深 V 型钓鱼艇上层建筑快速建模模块
4	设计数据轻量化	以山东省 400 英尺自升式钻井平台（简称 SD-400）集成创新项目为依托，设计出一套支持掌上终端三维浏览的海洋钻井平台三维设计信息数据轻量化系统"HGSView"

3. 子项目分解为任务

（1）船舶稳性计算与软件开发。将"船舶稳性计算与软件开发"子项目分解为 4 个任务，具体见表 5-2。

表 5-2 "船舶稳性计算与软件开发"子项目分解表

序号	任务	完成目标
1	总结稳性原理	对船舶平衡方程的参数进行分析；阐述船舶体积和浮心位置的二维计算方法、横稳心半径和纵稳心半径的计算过程；总结船舶静水力曲线所包含的内容及计算方法；总结基于固定纵倾的等排水量法计算船舶大倾角稳性的过程；总结稳性衡准数计算方法和稳性校核要求
2	基于三角网格模型的船舶稳性计算	（1）船体被水线面裁剪后所构成的水线面以下剩余船体体积要素的计算，包括排水体积、浮心位置、体积矩的计算 （2）船体与水线面求交后平面要素计算，包括水线面面积、漂心位置、面积矩的计算 （3）船体被水线面裁剪后曲面表面积的计算

续表

序号	任务	完成目标
3	基于三角网格模型的船舶稳性计算系统的开发	完成静水力计算模块、完整稳性计算模块、船舶破损最终浮态计算模块
4	15m 引航船稳性计算	利用本系统计算该船舶的静水力、初稳性和大倾角稳性，并与稳性计算书的初稳性计算结果进行对比，验证了该系统的可靠性与实用性

（2）游艇快速建模系统。将"游艇快速建模系统"子项目分解为 4 个任务，具体见表 5-3。

表 5-3 "游艇快速建模系统"子项目分解表

序号	任务	完成目标
1	游艇快速建模系统功能调研和需求分析	根据国内游艇设计企业和单位对本行业 CAD 软件的应用状况，对行业需求进行分析；总结有关软件需求分析的分类、内容和目标；对比 Maxsurf 软件系统、Rhino 软件系统、SolidWorks 软件、CATIA 软件，分析各软件游艇三维建模功能的实际情况，并对这些软件的游艇三维建模功能进行部分横向对比，分析归纳其游艇三维建模功能的优缺点
2	深 V 型游艇快速建模系统的关键技术研究	分析探讨深 V 型游艇的特征和涉及的游艇专业知识；分析和探索深 V 型游艇的建模途径，通过对深 V 型游艇建模的一般途径进行分析和总结，得出适合的建模方法；设计运用型值表理论快速建模方法的途径和步骤，以达到快捷高效建模的目的
3	游艇快速建模系统的详细设计	阐述 SINOVATION 三维建模软件的系统架构、深 V 型游艇快速建模系统的设计目标和原则，并在此基础上完成深 V 型游艇型值预处理功能设计、快速建模系统功能的详细设计
4	游艇快速建模系统的实现和测试	在 Windows 7 的系统下，分别使用 Microsoft Visual Basic 6.0 和 Microsoft Visual Studio 2005 开发工具对该系统的"深 V 型游艇型值预处理部分"和"深 V 型游艇快速建模部分"的功能进行开发

（3）钓鱼艇上层建筑快速建模。将"钓鱼艇上层建筑快速建模"子项目分解为 4 个任务，具体见表 5-4。

表 5-4　"钓鱼艇上层建筑快速建模"子项目分解表

序号	任务	完成目标
1	游艇造型理论研究	从游艇美学角度出发，阐述游艇造型相关理论。论述与游艇美学相关的各种因素，以及与游艇上层建筑造型的相关理论知识，总结钓鱼艇上层建筑结构形式
2	游艇上层建筑曲线曲面的表达方法	阐述计算机辅助几何设计的几种曲线曲面的表达方法，以及它们的发展与优势，并将此运用到深 V 型钓鱼艇上层建筑曲线曲面造型中
3	快速建模系统的关键问题研究	对深 V 型钓鱼艇上层建筑快速建模系统中所涉及的几个关键问题进行总结，确定了参数化设计的概念、参数化的可行性分析、设计的思路和关键问题。确定建模系统坐标系的选取原则，确定深 V 型钓鱼艇上层建筑的设计参数，引申出适用于钓鱼艇上层建筑分层次建模的方法
4	深 V 型钓鱼艇上层建筑快速建模系统的设计与实现	利用 Visual Basic 和 C++软件对 SINOVATION 进行二次开发，完成深 V 型钓鱼艇上层建筑快速建模系统的研发。对系统进行了可用性、实用性和准确性三方面的测试

（4）设计数据轻量化。将"设计数据轻量化"子项目分解为 4 个任务，具体见表 5-5。

表 5-5　"设计数据轻量化"子项目分解表

序号	任务	完成目标
1	移动式轻量化浏览解决方案	总结轻量化浏览器的需求和研究现状，提出基于海工平台数字化三维应用的移动式、轻量化浏览系统解决方案
2	海工平台轻量化浏览器系统详细设计	总结移动式、轻量化浏览系统的设计框架；总结海工平台三维轻量化浏览器的总体设计架构以及其中各功能的关键技术，设计面向企业和个人户的云无线通信系统
3	海工平台轻量化浏览器建模实现	总结钻井平台虚拟建设过程中的三维建模技术的方法；应用 SolidWorks 和 CATIA 两款软件对钻井平台进行三维建模

续表

序号	任务	完成目标
4	轻量化系统的实现与测试	设计出的 HGSView 轻量化系统，包括主机端浏览器和移动端浏览器的操作界面、操作模式、基本功能和命令。利用三维模型源对设计出的系统进行轻量化数据测试

4. 任务对应课程

整个项目共分解为 4 个子项目、16 个任务，再将任务与课程相对应，使学生更加有针对性地学习课程。任务对应课程见表 5-6。

表 5-6　任务对应课程

序号	任务	对应课程
1	总结稳性原理	船舶与海洋工程基础、信息检索
2	基于三角网格模型的船舶稳性计算	计算机辅助船艇设计制造
3	基于三角网格模型的船舶稳性计算系统的开发	船舶与海洋结构物先进设计方法与技术、船舶原理、船舶计算流体力学
4	15m 引航船稳性计算	计算机辅助船艇设计制造
5	游艇快速建模系统功能调研和需求分析	船舶与海洋工程基础
6	深 V 型游艇快速建模系统的关键技术研究	船舶与海洋结构物先进制造技术、游艇结构分析与造型设计
7	游艇快速建模系统的详细设计	游艇结构分析与造型设计
8	游艇快速建模系统的实现和测试	船艇复合材料与建造工艺、高性能船舶
9	游艇造型理论研究	船舶与海洋工程基础
10	游艇上层建筑曲线曲面的表达方法	船舶计算流体力学
11	快速建模系统的关键问题研究	船舶新技术应用
12	深 V 型钓鱼艇上层建筑快速建模系统的设计与实现	船舶美学与内装设计
13	移动式轻量化浏览解决方案	物联网技术与应用、信息检索
14	海工平台轻量化浏览器系统详细设计	嵌入式系统、数值分析
15	海工平台轻量化浏览器建模实现	船舶新技术应用
16	轻量化系统的实现与测试	计算机辅助船艇设计

5. 项目取得成果

（1）子项目一：船舶稳性计算与软件开发。以该子项目为背景，培养研究生1名；完成毕业论文《基于三角网格模型的船舶稳性计算方法研究及软件开发》，获得山东省专业学位研究生优秀实践成果二等奖；"基于三角网格模型的船舶稳性计算软件1.0"取得计算机软件著作权。

（2）子项目二：游艇快速建模系统。以该子项目为背景，培养研究生1名；完成毕业论文《基于 SINOVATION 的深 V 型游艇快速建模系统的设计与实现》；发表论文1篇；"一种船舶废热利用的温差发电装置"取得实用新型专利。

（3）子项目三：钓鱼艇上层建筑快速建模。以该子项目为背景，培养研究生1名；完成毕业论文《基于 SINOVATION 软件的深 V 型钓鱼艇上层建筑快速建模的研发》；取得实用新型专利两项，包括"一种船舶舱室用防滑桌子""一种船舶用淡水制取装置"。取得软件著作权1项"钓鱼艇上层建筑快速建模软件1.0"；在《山东交通学院学报》发表论文《基于 Sinovation 的钓鱼艇上层建筑快速建模方法》1篇。

（4）子项目四：设计数据轻量化。以该子项目为背景，培养研究生1名；完成毕业论文《400 呎自升式钻井平台的轻量化软件研究》；发表论文2篇；取得实用新型专利"半潜式生活平台"1项。

第3节　案例教学方法

新时期的教育方向不单单是为了获取书本上的知识，而应注重培养一种能够自主识别、处理、应用、创造知识的能力；新时期学生的学习不单单是被动地接受，而应主动地、探索地学习；新时期的教学不单单是"授之以鱼"，而应 "授之以渔"。因此，高校研究生的教学方法必须改革，以适应新时期的需求。

1. 案例教学方法的定义

通过案例来进行授课、传授知识的方法由来已久。在中国可以追溯至春秋战国时代，在国外可以上溯至古希腊时代。

现代案例教学方法，一般认为是由哈佛大学法学院前院长斯托弗·哥伦布·兰代尔提出的。他将苏格拉底方法引入法学教育，成为英美法学教育中最常使用的方法。后来，此方法广泛应用于其他学科，如医学、社会学、经济学、管理学等。如今，哈佛商学院中有超过80%的课程采用案例教学方法。

我国现代案例教学方法的研究与应用起步较晚，由我国工商行政代表团于1979访问美国后引进国内。1986年举办了首期案例教学培训班，并诞生一本专门的学术刊物《管理案例教学研究》。

综上可知，案例教学方法的定义为：教学人员以具有代表性的案例为载体，构建真实或虚拟的问题情景，引导学生对案例进行分析、讨论，发现问题、解决问题、总结问题，形成学生独有的理论知识体系。

2. 案例教学方法的必要性

与培养研究型人才的学术学位研究生不同，船舶与海洋工程领域专业学位研究生的培养不仅要注重专业理论知识的理解与掌握，更要求学生具有将理论知识转化为解决工程实际问题的能力，从而满足船舶与海洋工程领域高层次应用型人才的要求。与本科阶段不同，研究生阶段的教学目标更侧重于培养已经具备一定理论基础的学生将知识应用于实践的能力。而这与案例教学方法的目标完美契合。

2015年，教育部明确提出"案例教学是推动专业学位研究生培养模式改革的重要手段"。山东交通学院自2012年开始招生专业学位硕士研究生以来，一直将案例教学方法作为主要教学手段。船舶与海洋工程领域的大部分课程内容与工程实践联系紧密，通过案例教学方法有效引导学生在课堂、企业、车间参与工程实践，加强产学间的相互融合，使学生发现问题、解决问题、总结问题，切实提高工程能力。

3. 案例教学方法的实施过程

案例教学方法主要分为案例库的建设、案例教学过程、案例教学评价与反馈等步骤。

（1）案例库的建设。案例教学的基础是案例库的建设。传统案例库建设流程包括确定选题、收集素材、撰写初稿、修改完善。在强化工程能力提升培养模式下的案例库建设则以工程需求为导向，所有案例均来自真实工程需求。通过学校、企业双向交流，根据实际工程所需的知识及能力，对案例进行逐级分解，并在学校配套讲解案例的重点及难点，介绍相关学习资源并引导探究。随着工程项目的深入，案例也不断拓展升级，逐渐完善案例库的建设。随着工程项目的完工，案例也进入评估考核阶段，并及时反馈到案例库。校企合作的案例库建设如图 5-3 所示。

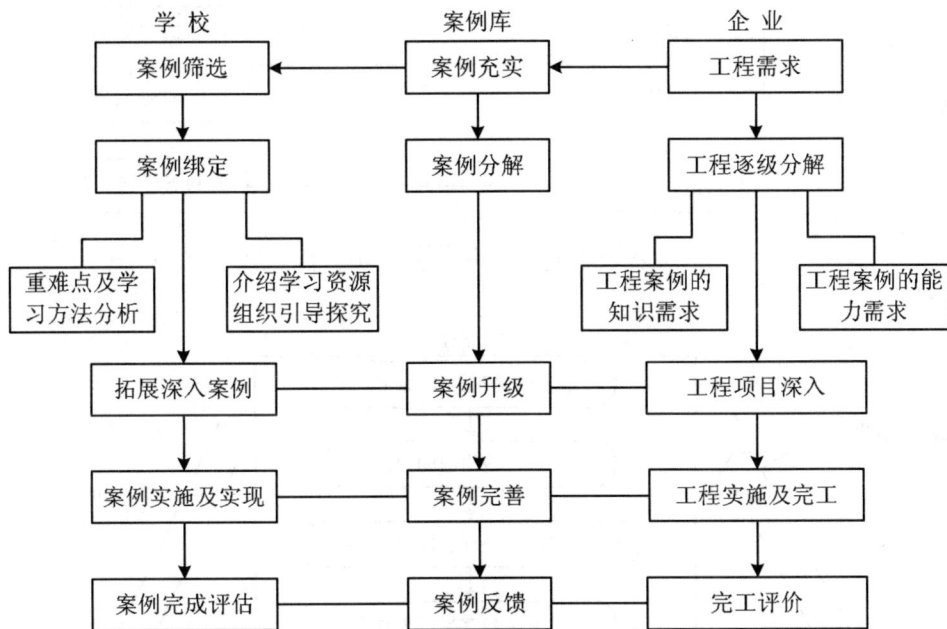

图 5-3　校企合作的案例库建设

（2）案例教学过程。在案例教学过程中，学生是学习的主体，也是教学的主体，教师则是推进教学的引路人。教师要营造良好的学习环境，坚持以学生为主，坚持集体参与和以鼓励为主的原则，激励学生学习，保持学生学习的动力。同时，教师还要把握和运用一定的引导技巧。例如，要有效地把握教学的节奏，把握学习的进度，做好阶段性的小结和点评等。案例教学基本流程如图 5-4 所示。

（3）案例教学互动模式。一般案例教学互动模式是以学生发言为主，教师启发和引导为辅，如图 5-5 所示。

教师   学生

案例精选 ────────────────────────────→ 产生兴趣

讲解案例 ────────────────────────────→ 明确学习目标

重难点及学习   介绍学习资源
方法等分析   组织引导探究

改造拓宽案例

案例制作及实现 ←────────────────────→ 模仿案例
                                         自主探究
                                         取得成果

评价教学 ←────────────────────────── 参与教学评价活动

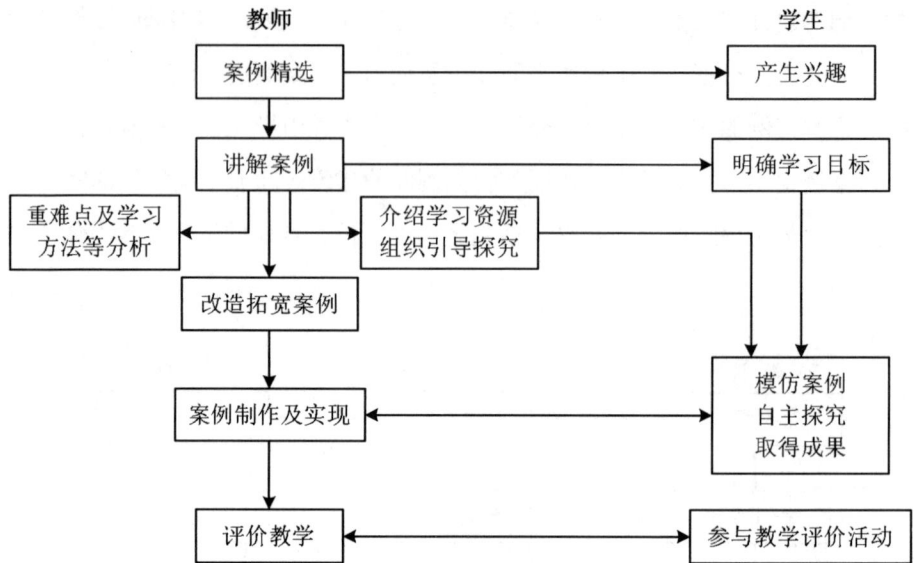

图 5-4 案例教学基本流程

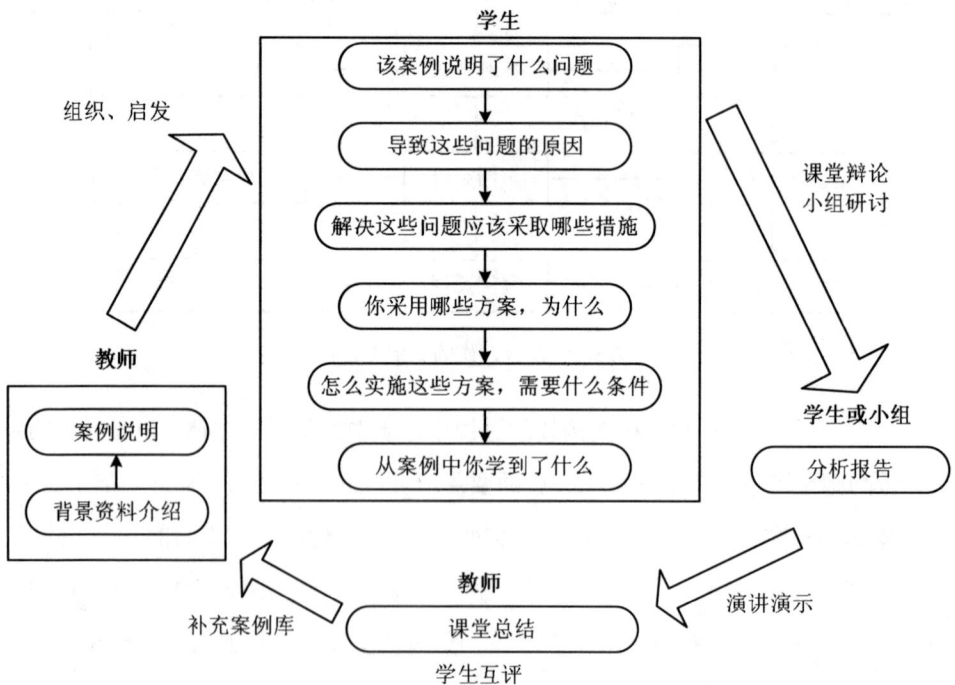

学生

该案例说明了什么问题

导致这些问题的原因

解决这些问题应该采取哪些措施

你采用哪些方案，为什么

怎么实施这些方案，需要什么条件

从案例中你学到了什么

组织、启发

课堂辩论
小组研讨

教师

案例说明

背景资料介绍

学生或小组

分析报告

演讲演示

补充案例库

教师

课堂总结

学生互评

图 5-5 案例教学互动模式

常见的讨论形式主要有以下几种。

1）交互讯问式。交互讯问式主要是教师对学生展开的。教师通过提问，对学生的观点和建议进行审查。

2）辩论型。这也是在教师和学生之间展开的，但不是教师对学生进行提问，而是老师假定某种立场、观点，让学生进行反驳。

3）假说型。这也是师生的对话，但是它既不需要学生回答问题，又不需要反驳，而是需要学生对教师所提出来的情景进行评价，给出自己的观点。

4）对抗与合作型。这是在学生之间展开的讨论学习。

5）角色扮演型。通过角色扮演，使学生的观点彼此交锋，相互借鉴，共同提高。

（4）案例教学评价与反馈。建立案例评价、教学考核、资格认证等多种考核评价方式相结合的多元化、系统性评价机制。一是评价内容多元化，评价内容不仅包括对案例完成的成果评价、过程评价和效果评价等多个方面，还应包括围绕案例开展的课程教学考核、资格认证等多种考核评价方式；二是评价的主体是多元的，在项目评价中可以是案例参与者的自评和互评，也可以是来自教师、专家和其他项目小组成员的评价。同时，加强与企业、科研院所合作，按照行业标准共建资格认证、考试平台，引入企业评价标准。整个评价体系重视评价的发展性价值，通过客观公正的评价，肯定学生的成绩，发现学生的问题，促使学生总结成功的经验和失败的教训，从而不断提升工程能力。基于案例教学方法培养的学生评估拓扑图如图 5-6 所示。

4. 案例教学中的师资培养

"双师"型师资队伍建设，是开展案例教学的前提。在"双师型"教学团队建设过程中，充分利用校外实践基地的人才资源，聘请了 20 余名在科研和工程实践等方面具有丰富经验的兼职教授，并每年选派 1～2 名青年教师到合作企业生产一线进行实践学习，在高级工程师的指导下完成企业分配的技术任务；同时面向企业举办学科前沿讲座，与技术人员共同研究、解决技术难题，积累了大量船舶设计制造的案例素材。

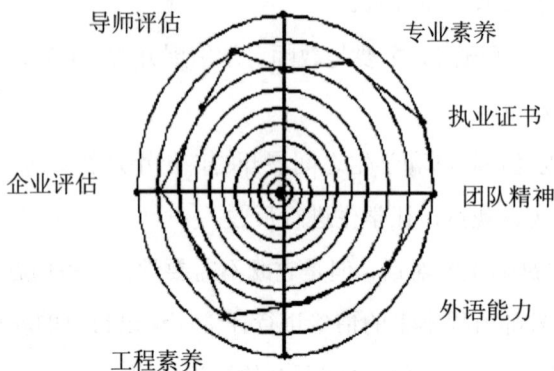

图 5-6　基于案例教学方法培养的学生评估拓扑图

第 4 节　案例教学方法实施过程

　　山东交通学院在"服务国家特殊需求人才培养项目"中试点培养船舶与海洋工程领域专业硕士研究生已经八年，并通过验收；积累了大量的工程图纸、计算报告、设计书等工程实际项目素材。为了更有效地将工程实际项目素材应用到研究生教育中，针对与工程项目结合较为明显的课程，采用案例教学方法，校企共建船艇教学案例库。

1. "船艇设计案例库"建设意义

　　船舶工业被誉为"综合工业之冠"。据统计，在国民经济 116 个产业部门中，船舶工业与其中的 97 个产业有直接联系，关联面达 84%。由于世界贸易主要依靠海上运输，海上运输承担着国家 90%以上的国际贸易运输任务和 50%以上的国内贸易任务，所以对船舶的需求十分大，使得我国造船完工量、新接订单量、手持订单量屡创新高，成为世界第一造船大国。随着国民经济的增长，游艇业也迅速发展，并快速成为沿海、沿江、沿湖地区新的高效产业经济增长点。游艇产业是"三高一低"（高技术、高增长、高效益、低消耗）产业，利润率高达 40%，是普通船舶利润率的 4 倍，被誉为"最具魅力和最有前景的产业"。一般在人均 GDP

（国内生产总值）突破 3000 美元后，游艇产业会成为继家电、房地产、汽车后的另一消费热点。

在影响该产业发展的诸多因素中，高层次人才匮乏是主要瓶颈。在传统船舶专业的教学中，并没有区分钢制船舶与游艇。而且，传统高校教育主要侧重于课堂"灌输式"教学，教学载体是教科书，教师在教学中占据主要地位，而学生被动地接受知识，且获取的主要是"第二手"知识，难以激发学习兴趣。而案例教学可以变教师传授知识为学生探索发现，学生积极性明显提升，能力提升显著。通过案例，可以针对船舶中的不同船型开展教学，区分游艇与钢制船舶的异同。

在船舶与海洋工程领域的专业学位研究生培养中，设计与制造贯穿了整个教学环节。通过计算机辅助，建立船舶与游艇的设计制造案例库。案例库针对不同的船型，涵盖了设计制造的多个流程。通过调查研究、阅读文献、数据分析、模型建立、图纸绘制等逐级递进的案例实践，培养学生针对不同船型分析问题、解决问题的能力。

2. 国内外案例库建设情况

计算机辅助设计制造是现代船舶游艇工业发展的前提和关键环节。随着船舶类型不断细分，利用先进的计算机技术提高设计水平，缩短设计周期，设计出经济、高附加值的船舶已相当普及。

早期计算机辅助船舶设计制造所使用的多为国外软件：芬兰的 NAPA 软件采用了 3D 技术，在较短的时间内完成结构初步设计和重量成本估算，生成可供送审的技术文件和图样；瑞典的 Tribon 软件集船舶 CAD、CAM 于一体，并涵盖了船体、管路、电缆、舱室、涂装等多个专业于一体的专家系统；CADDS5 是美国 PTC 公司针对船舶、航空航天领域设计的产品，可以输出所有船体制造所需要的数据；Rhino 软件是由美国 Robert McNeel 公司于 1998 年推出的一款基于 NURBS 的三维建模软件，早些年一直应用在工业设计专业，如今成为游艇外观设计的主要软件之一。

近年来，随着我国造船技术的提高以及软件自主研发能力的提升，具有自主知识产权的国产优秀软件也开始在市场出现。东欣 SPD（Ship Product Design）由上海沪东船厂研发，为造船以及海洋工程提供以数据为中心、以规则为驱动的解决方案，是基于 OpenGL 图形进行开发的造船 CAD 软件。该软件关注船舶产品的全生命周期，更容易进行异地协同设计、生产。SINOVATION 是山东山大华天科技集团股份有限公司自主研发的国内首个具有国际领先水平的自主版权高端三维 CAD/CAM 软件，拥有全部 CAD/CAM 软件源代码，具有国际领先的混合建模、参数化设计、丰富的特征造型功能，符合工程师工作习惯的设计环境及国际流行的操作界面，早期应用于航天航空工业，如今在海洋工程制造中也崭露头角。

软件的案例教学大部分集中在应用较广的通用软件方面。船舶与海洋工程类软件相对比较专业，国外关于此的教学案例也仅限于软件的说明书，并没有结合研究生的教学和实际工程的需要。国产软件虽然在市场中占据相当地位，但毕竟面世时间较短，相关案例更是罕见。因此建设计算机辅助船舶与游艇设计制造案例库很有必要。

3. 校企共建"船艇设计案例库"

考虑到不同船型及不同软件，"计算机辅助船舶与游艇设计制造"案例库包括三个模块：船舶工程模块、海洋工程模块和游艇工程模块，共计 12 个案例。所有案例均来自实际工程，具体内容见表 5-7。

表 5-7 "计算机辅助船舶与游艇设计制造"案例库

序号	模块	案例名称
1	船舶工程	基于 FLUENT 软件的船舶阻力性能分析
2		基于 AutoCAD 软件的铺排船初步设计
3		基于 TRIBON 软件的 30000 吨多用途船上层建筑生产设计
4		基于 TRIBON 软件的 30000 吨多用途船中纵舱壁分段生产设计
5		基于东欣 SPD 软件的 300 吨渔政船生产设计
6	海洋工程	基于 FLUENT 软件的 SPAR 海洋平台绕流分析
7		基于 FLUENT 软件的 SPAR 海洋平台涡激运动特性分析
8		基于 SINOVATION 软件的 400 英尺自升式海洋平台结构设计及建模
9		基于 SINOVATION 软件的 400 英尺自升式海洋平台舾装参数化设计

序号	模块	案例名称
10		基于 Rhino 软件的 8.5m 敞开式橡皮艇概念设计
11	游艇工程	基于 Rhino 软件的 5.5m 敞篷快艇外观设计
12		基于 Rhino 软件的 16m 休闲快艇内饰设计

案例 1：基于 FLUENT 软件的船舶阻力性能分析。

FLUENT 软件是目前国际上比较流行的商用 CFD（计算流体动力学）软件包，在美国的市场占有率为 60%，在中国市场占有率超过 70%，凡是和流体、热传递和化学反应等有关的工业均可使用。它具有丰富的物理模型、先进的数值方法和强大的前后处理功能，广泛应用于船舶与海洋工程领域。本案例针对一真实船型，从网格划分、计算器设置、后处理设置、报告编写等各个流程展开，使学生在掌握软件的同时，对船舶性能分析有更深层次的理解，如图 5-7 所示。

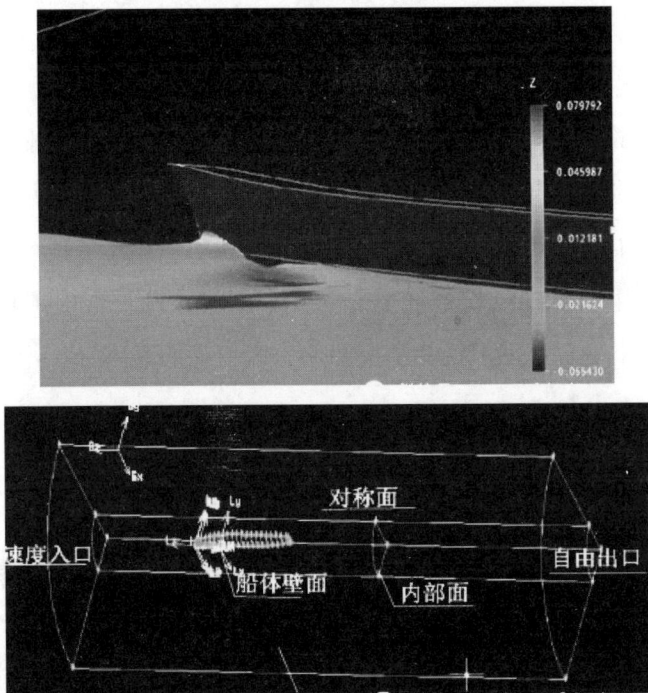

图 5-7　基于 FLUENT 软件的船舶阻力性能分析案例图片

案例 2：基于 AutoCAD 软件的铺排船初步设计。

铺排船又名沉排船，是为满足航道整治对软质基础河床构筑物的工程需要，结合水域护坡、护底软体排的铺设施工而设计的船。该船型型线简单，没有动力装置，非常适合作为船体初步设计的案例。结合最普遍的二维软件 AutoCAD，从铺排船的工作区域、稳性、船级、结构、主尺度、总布置设计入手，帮助学生全面掌握船舶初步设计的流程及步骤，为今后走上设计岗位奠定知识基础。

案例 3：基于 TRIBON 软件的 30000 吨多用途船上层建筑生产设计。

案例 4：基于 TRIBON 软件的 30000 吨多用途船中纵舱壁分段生产设计。

TRIBON 软件是由瑞典 KCS 公司研发的一款辅助船舶设计和建造的计算机软件集成系统，集 CAD、CAM、MIS 于一体。迄今为止，全球有 200 多家厂商采用该系统进行船舶产品的设计和制造，例如，在欧洲有挪威、德国、法国、丹麦、芬兰、英国等国家，在亚洲包括中国、日本、韩国、新加坡等国家的多个厂家。20 世纪 90 年代以来，我国有多家船舶设计单位和科研院所购买了该软件，如图 5-8 所示。

案例 3、案例 4 均应用此软件，针对 30000 吨多用途船展开生产设计。生产设计是船舶设计环节的最后一步，也是设计公司与制造企业对接的关键一步，生产设计的好坏直接决定了船舶制造的效率高低和质量好坏。两个案例分别选择了船体中两个典型分段：上层建筑分段和中纵舱壁分段。案例内容包括建模、出图、下料等生产设计环节。学生在案例实施过程中，真实模拟船舶企业分工，分小组合作，不仅能掌握船舶生产设计的基本过程，还能培养合作意识。

案例 5：基于东欣 SPD 软件的 300 吨渔政船生产设计。

东欣 SPD 软件作为我国造船软件的优秀代表，被越来越多的船厂及设计公司所青睐。然而，关于这个软件的教学还仅局限于企业，各个高校对其的重视程度还明显不足。案例 5 应用此款软件，针对 300 吨渔政船进行生产设计。此船型大小适中，型线简单，非常适合作为案例教学，能够使学生掌握软件中关于型线光顺、曲面板架、平面板架、零件表等多个模块的使用方法。

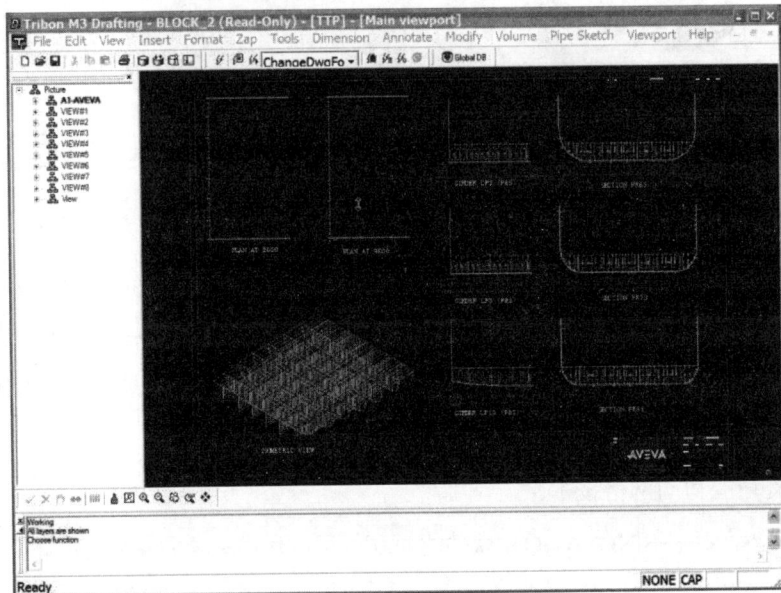

图 5-8　应用 TRIBON 对船体建模及出图

案例 6：基于 FLUENT 软件的 SPAR 海洋平台绕流分析。

案例 7：基于 FLUENT 软件的 SPAR 海洋平台涡激运动特性分析。

SPAR 海洋平台是一种典型的应用于深水的浮式海洋平台。由于其经济性和稳定性优于其他浮式平台，经过二十几年的发展后，已经开发出三种类型，分别为经典式（Classic Spar）、桁架式（Truss Spar）和分简集束式（Cell Spar），如图 5-9 所示。

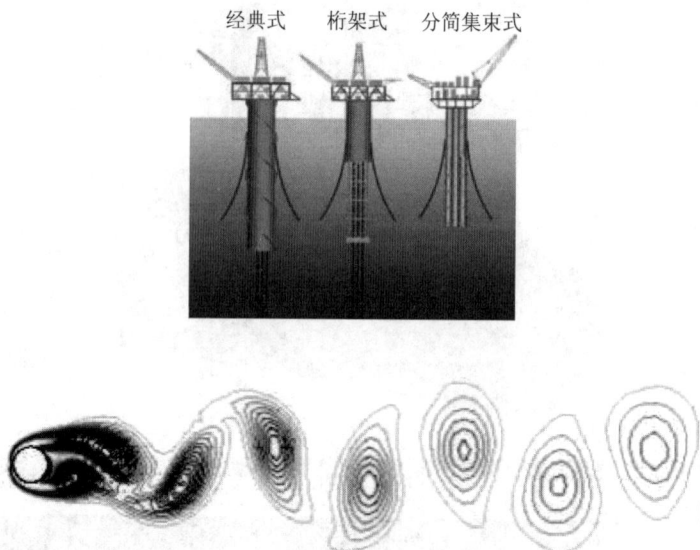

图 5-9　SPAR 海洋平台种类及绕流

案例 6、案例 7 针对一座简化的 SPAR 海洋平台，从两个方面对其进行形成分析：案例 6 侧重于海洋平台的绕流特性分析，考虑其受力特征、边界层分离以及尾流模式等方面；案例 7 侧重于 SPAR 海洋平台一个运动——涡激运动展开，考虑运动轨迹、运动幅值、运动频率等角度。案例教学不仅仅要求学生掌握平台的运动规律，更要求学生以案例为契机，深刻理解 FLUENT 软件的分析规律，包括自定义功能和动网格技术。

案例 8：基于 SINOVATION 软件的 400 英尺自升式海洋平台结构设计及建模。

案例 9：基于 SINOVATION 软件的 400 英尺自升式海洋平台舾装参数化设计。

SINOVATION 是山东山大华天科技集团股份有限公司自主研发的国内首个具有国际领先水平的自主版权高端三维 CAD/CAM 软件，早期主要应用于航天航空工业，近年来在海洋工程建造领域也大量应用。案例 8、案例 9 针对一座 400 英尺的自升式海洋平台，分别从两个不同角度展开：案例 8 从海洋平台的结构设计开始，最终应用 SINOVATION 软件对其进行三维建模；案例 9 是在案例 8 的基础上，借助 SINOVATION 软件在参数化设计上的卓越功能，对自升式海洋平台进行舾装设计，如图 5-10 所示。

图 5-10　基于 SINOVATION 软件的 400 英尺自升式海洋平台建模图片

案例 10：基于 Rhino 软件的 8.5m 敞开式橡皮艇概念设计。

案例 11：基于 Rhino 软件的 5.5m 敞篷快艇外观设计。

案例 12：基于 Rhino 软件的 16m 休闲快艇内饰设计。

Rhino 软件是一款基于 NURBS 的三维建模软件，早些年一直应用在工业设计专业，如今成为游艇设计的主要软件之一。案例 10、11、12 应用 Rhino 软件，分别针对三艘不同型号的游艇，从三个不同角度开展：案例 10 对一艘 8.5m 敞开式橡皮艇进行概念设计；案例 11 对一艘 5.5m 敞篷快艇进行外观设计；案例 12 对一艘 16m 的休闲快艇进行内饰设计。3 个案例属于层层递进的关系，从概念设计到外观设计，再到内饰设计，基本囊括了游艇设计整个环节。3 个案例针对三艘长度不同的游艇，可以使学生更好地理解游艇的结构及设计要点。

4. 案例库应用前景

"计算机辅助船舶与游艇设计制造"案例库涵盖了船艇设计制造的多个环节，其应用前景体现在以下几个方面。

（1）可以满足多门课程的教学实践任务。该案例库从船艇性能分析、总体设计、生产设计、内装设计等多个角度展开，可以为船舶与海洋工程领域专业学位研究生的多门课程提供案例教学材料，包括计算机辅助船艇设计、船舶与海洋结构物先进设计方法与技术、船艇美学与内装设计等。同时，该课程库还可以为本科生课程设计提供支撑。

（2）采用实际工程案例，提高教学效果。该案例库内容均来自实际，在案例教学过程中，学生能身临其境，变被动学习为主动探求，可激发学生的学习兴趣。使理论教学与实践教学更加紧密地结合，提高学生的动手和解决实际问题的能力。

（3）案例教学促使教师灵活深入地掌握理论。该案例库包含了船舶设计、船舶制造、船舶美学、人机工程学等多个方面的内容，全面掌握所有案例需要教师对船舶与海洋工程领域的理论有更加深入和灵活的掌握。同时，所有案例均来自工程实践，就要求从事案例教学的教师具备"双师型"资格，督促教师深入工程一线。

第5节　虚拟现实教学方法

虚拟现实教学方法是指以虚拟现实技术为工具，对教学过程进行基于计算机的仿真，生成能够使学习者获得知识、经验的教学场景。虚拟现实教学方法是一种现代化的教学方法，是现实教学的一种延伸。虚拟现实教学方法极大解决了现实教学过程中来自时间和空间的限制，使学习过程更加灵活。虽然虚拟现实教学方法与实际的面对面教学相比还有很大差距，但是它所具有的资源共享、方便高效的特点，很大程度上拓展了教学的时空，解决了教学资源及教师紧张的问题。虚拟现实教学方法所提供的教学场景是具有沉浸感、可交互性，并能启发操作者的仿真环境。

作为一种新兴的教学辅助手段，教师可以在开展真实的实践活动之前，利用虚拟现实训练来提升学生的工程实践能力，这在一定程度上能降低工程实践活动的安全风险；同时，教师也可以在真实的实践活动结束以后，通过使用虚拟现实技术来进行总结，以进一步加深学生对工程实践的认识。在工程实践教学活动中，由于传统实践教学活动在实施过程中存在经费不足、有安全隐患等不确定性，且部分理论晦涩难懂，教学效果不佳，学生学习主动性不高，使部分学生缺乏足够的工程实践理论知识与实际经验。这些因素又直接或间接地加深了工程实践活动的危险性。而虚拟现实技术因其对现实环境的极高仿真度，使整个环境更生动、形象、逼真。在真实的工程实践前，有了虚拟现实技术的支持，学生们能提前认识到工程环境的特殊情况，更客观、有效地了解部分风险，从而在一定程度上规避风险。

在教育的发展历程之中，每一种新技术的出现，都会引起教学工具的升级与更新，从而影响教学的手段及方式；而虚拟现实作为一种新型媒体，若将其与教育有机结合，并充分发挥其虚拟仿真、沉浸性、交互性、构想性等特点，在构建虚拟学习环境之上升级教学辅助工具，便能升级教学手段，提升教学效果。与传统教学工具相比，虚拟现实技术有明显的优势及不同之处，在将该技术运用于教学过程之时，该技术便拥有了教学虚拟化、教学仿真化、远程操控等显著优势与特点。

1. 教学虚拟化

教学虚拟化分为三个部分：教师虚拟化，教师可以以系统或导航等方式出现，适时引导学生，并对其进行答疑解惑，教师之间也可以交流合作；学生虚拟化，学生可以以虚拟人物形象的形式出现，以个人或团队的形式进行合作学习，探讨问题并寻找解决方案；教学资源虚拟化，将传统教学中的课本、尺子、实验用具等实物进行仿真模拟并转变为比特资源，实现有形与无形的结合。

2. 教学仿真化

视景仿真技术是虚拟现实的核心，视景仿真技术能够突破传统的纯数字化交互方式，使自然和谐的人机交互方式得以实现。在教学过程中，充分运用虚拟现实技术有助于帮助学生反复模拟，反复熟悉环境，从而获得比书本知识上更为生动、深刻及形象的认识与了解。

3. 远程操控

虚拟现实技术可以依靠网络平台及移动端进行传播，因此受时间和空间约束少，体验者身处各地都能通过某一平台使用媒介设备感受或体验到某一或某些虚拟现实世界。另外，虚拟现实世界是通过计算机构建而成的三维或多维虚拟环境，在需要对一个遥远的真实环境进行操控的特定情况下，如进行遥现、遥作操作时，便需要虚拟现实环境的配合与辅助，通过三维或多维的虚拟现实环境对真实环境进行模拟，以便更准确地进行远程控制。

4. 虚拟现实课堂的整体架构

虚拟现实课堂由虚拟教学环境、教师、学生、教学内容等元素构成。和传统课堂一样，虚拟现实课堂也有老师、学生，并且在虚拟现实课堂里，学生完全不受真实环境下的任何事物干扰，完全沉浸于课堂。虚拟现实课堂能够让学生开阔知识视野，感受到前所未有的学习体验。虚拟现实课堂的整体构架如图 5-11 所示。

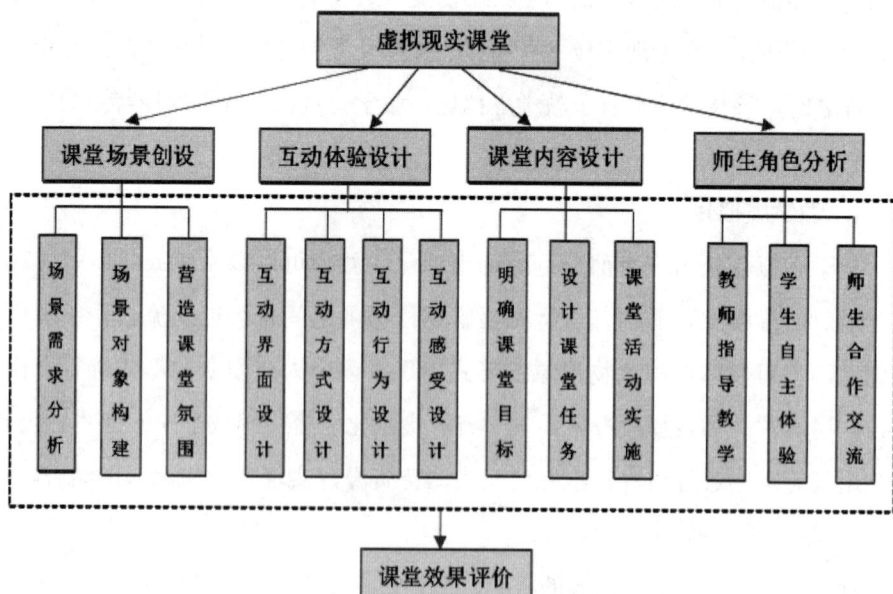

图 5-11　虚拟现实课堂的整体构架

虚拟现实课堂要综合考虑课堂创设的场景、课堂互动体验的设计、课堂内容的安排设计和师生参与课堂的实际程度等因素。

第一，虚拟现实课堂需要有一个逼真的教学场景。课堂场景的创设首先需要分析场景的物体对象，比如虚拟教室里必有的课桌椅、黑板、门窗、挂图、装饰等。明确场景所需要的物体后，进行模型对象构建，包括建模、材质、灯光等构建过程。营造轻松、和谐、愉悦的课堂氛围是取得高效课堂教学的关键，因此也不能忽视。

第二，虚拟现实课堂需要有很好的互动体验。对学生的学习特征、教师的教学风格、课堂教学场景和课堂教学内容进行针对性的互动体验设计是非常关键且很有必要的。

第三，虚拟现实课堂需要丰富的教学内容。课堂目标是课堂的主题、方向、灵魂和归宿，也是课堂效果评价的根本依据。设计明确的课堂目标才能使学生有目的地去参与课堂活动。应根据课堂目标选取合适的课堂内容，设计生动有趣的课堂任务，激发学生的学习动机，使课堂活动顺利开展。在设计课堂任务时，要有针对性地设计挑战目标，学生具备相应的技能后，才能真正沉浸于虚拟现实交互课堂中来。课堂活动的实施要充分调动师生的积极性、环境的协调性，建立真正的交互课堂活动。

第四，虚拟现实课堂里的师生角色需要重新定位。学生佩戴虚拟现实设备沉浸于课堂中，对周围的世界毫不知情，因此教师的组织、指导和帮助显得尤为重要，否则学生很难确立学习目标，明确学习方向。教师对学生的学习起促进作用，并不意味着课堂以教师为中心，学生才是真正的课堂主人。学生通过自主发现、探索或者小组合作的形式共同解决课堂教学问题，促进其个性化的发展需求。在课堂上答疑交流环节是必不可少的，师问生答、生问师答、生问生答，师生之间的交流互动能营靠课堂良好氛围。答疑交流互动有利于促进师生间的情感沟通，有利于形成友好合作的师生关系。

"兴趣是最好的老师"，培养学生自主学习的兴趣十分重要。课堂的情境创设、互动环节设计、教学内容安排对学生的学习兴趣产生很大影响。虚拟现实课堂需要一个接近实际的课堂情境、一个多样有趣的互动设计、一些切合主题的教学内容、正确的师生角色定位和公平民主的课堂效果评价。沉浸式的教学情境、学生的主动探索、必要的教师讲解、丰富的课堂互动环节，才构成了一个富有成效的虚拟现实课堂。

第6节　虚拟现实教学方法实施过程

船舶与海洋工程领域的轮机管理工程、轮机工程基础、动力装置原理与设计方法、轮机故障诊断技术、船舶监控技术和船舶动力装置节能技术等多门研究生专业课涉及相关船舶轮机机舱实践教学内容。为了更好地提升研究生的实践教学质量和工程能力，山东交通学院联合大连海事大学研发了以 VLCC（超大型油轮）为母型船的全视景、半实物轮机模拟器，实现了船舶轮机机舱全景的虚拟仿真，建设了"船舶机舱资源管理虚拟仿真实验"资源。资源既能够通过在半实物模拟器设置不同的虚拟场景，让实验人员在不同任务环境下进行实践操作，完成课程的实践教学；也能够通过虚拟仿真实验教学管理平台，使得学生通过使用联网的PC 端访问三维全视景纯虚拟船舶机舱，进行机舱轮机实操实验，从而不再受时间、空间和实验人数的限制，打破了传统机舱轮机实验受制于实验设备数量和实验人数限制的瓶颈，使机舱轮机虚拟仿真实验成为半实物轮机模拟器实验前预习、实验后复习的最有力手段，学习效率得到了大幅提高，实验资源得到有效利用。

1. 课程教学目的

"船舶机舱资源管理虚拟仿真实验"以实现轮机资源管理、船舶设备设计与研发、船舶设备自动化、船舶综合节能与环保、轮机故障诊断与预测等为教学目的，使学生按照实船的要求完成特定的实验项目，较真实地体会实船环境，将理论和实践相结合，知识点融会贯通，综合运用专业知识，提升工程实践能力。虚拟仿真实验以学生为中心，学生亲自动手操控和演示实验装置，教师主要引导学生主动学习，师生共同完成实验过程。

"船舶机舱资源管理虚拟仿真实验"是大型的、综合性的多人协作实验项目，可以根据不同情景和任务，依托模型软件加载不同的船舶工况，使学生掌握在不同情景工况下操作船舶动力装置的方法，培养应急处理反应能力和团队协作能力。学生完成虚拟仿真实验项目，能够有效调动学习积极性，不仅能学习理论知识，还能学习实践技能，增强情景意识，强化专业知识体系，提高工程实践能力。

2. 课程实施过程

船舶机舱资源管理实验实施过程中设有理论教学、虚拟仿真实验、半实物轮机模拟器实际实验和虚拟仿真实验四个教学环节。教师在教室讲解机舱资源管理相关理论知识，并布置虚拟实验任务；学生组成团队在 PC 端进行虚拟实验操作练习，作为半实物轮机模拟器实验前的预习环节，教师给予在线指导或评阅；学生虚拟实验达到要求之后，在半实物轮机模拟器上进行实验；半实物轮机模拟器上进行实验之后，再进行虚拟仿真实验教学，作为半实物轮机模拟器实验后的复习和巩固环节。最终形成船舶机舱资源管理教学模式，即由实到虚、由虚入实、再由实返虚，达到能实不虚、虚实结合、虚实互补的境界。船舶机舱资源管理虚拟仿真实验具体操作过程如下。

（1）登录系统。虚拟仿真实验由实验教学管理平台统一管理，学生凭学生号和登录密码即可登录平台，可以在选课功能中选择虚拟仿真实验的课程，可查看选课单和个人课程表，还可在理论测试功能中查看试卷，完成课程相关理论测试。

学生通过互联网远程登录虚拟仿真实验教学管理平台，单击"虚拟实验"，选择"船舶机舱资源管理虚拟仿真实验"，开始实验，完成实验的加载。登录系统界面如图 5-12 所示。

（2）开展实验。单击"虚拟实验"，可以查看课程下所有虚拟实验。单击"开始实验"即可开展虚拟实验，完成实验后单击"提交实验"，等待老师批阅，并可查看实验结果。

船舶机舱资源管理虚拟仿真实验融合了现代信息技术，以 VLCC 船三维虚拟机舱开展实验，通过云计算仿真技术解决了访问终端电脑配置过高的问题，学生通过联网的个人电脑可以随时访问实验资源，开展实验。学生通过通信工具，分配任务角色，登录各自的虚拟机舱甲板房间，即可协同完成实验。机舱舱室选择界面如图 5-13 所示。

图 5-12　虚拟仿真实验界面

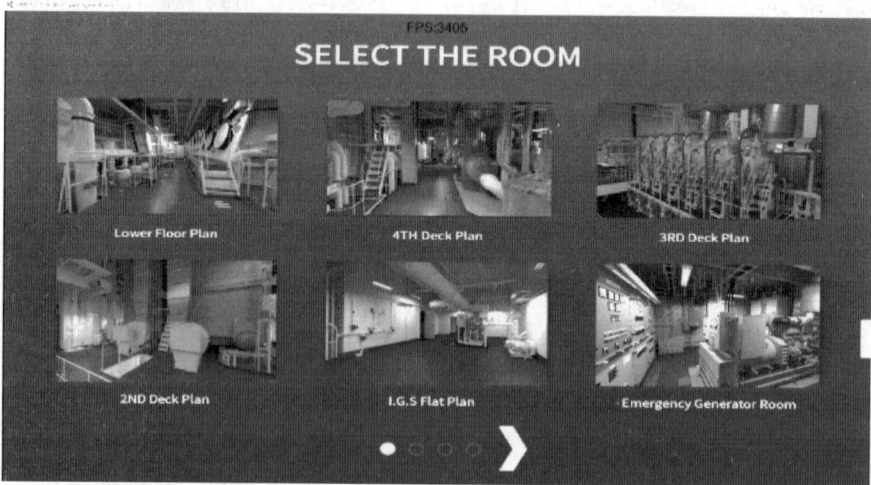

图 5-13　机舱舱室选择界面

学生可以根据老师给定的实验项目，如瘫船启动、正常航行、机动航行、主机备车等，也可以根据各自的职务分工，如轮机长、大管轮、二管轮、三管轮和值班机工，进入三维虚拟机舱相应的舱室，完成各自的工作任务。实验完成后，单击"提交"按钮，完成实验提交，等待老师批阅。虚拟实验操作界面如图 5-14 所示。

图 5-14　虚拟实验操作界面

3. 课程实施效果

实船实验存在高能耗、高危险的特点，设备运行费用高，也不会允许学生进行实验。半实物轮机模拟器实验受制于实验场地和人数。"船舶机舱资源管理虚拟仿真实验"资源弥补实船实验和半实物轮机模拟器实验的不足，能够充分调动学生的积极性，通过简单的点击操作和参数设置，将难以理解的概念转化成实验资源和相关数据。学生还能根据不同的情景工况设置不同的实验，由浅入深，逐步掌握理论知识，大大提高实践能力，实现轮机资源管理、船舶设备设计与研发、船舶设备自动化、船舶综合节能与环保、轮机故障诊断与预测等课程目标。大量的实践教学表明，在研究生教学中采用虚拟现实教学方法，能够使学生的基础知识更扎实、素质能力更全面、工程实践能力更强。

第6章　强化工程能力提升的课程建设研究与实践

第1节　"船舶与海洋工程基础"课程建设

　　"船舶与海洋工程基础"是船舶与海洋工程领域研究生学习的一门基础课，面向船舶与海洋工程领域所有专业方向的研究生，课程安排在研一第一学期，共36学时。"船舶与海洋工程基础"课的任务除了了解船舶与海洋工程技术现状及发展趋势，掌握船舶与海洋工程结构术语及特点、船体制图基本知识外，还应了解船舶工程技术特点，初步具备相关工程能力，为以后的学习和工作打好基础。随着船舶技术的发展，船舶与海洋工程基础的内容也在不断发展变化，就对船舶与海洋工程基础教学提出了新的要求。传统的教学内容和模式已明显落后于工程实际的需求和时代技术的更新，不利于研究生的培养，更不利于这些学生毕业后到企业发挥他们的能力。高校的教学内容和教学方法必须适应船舶工业发展的需求，船舶与海洋工程基础课的内容也要适时调整。

　　教学效果直接关系到学生毕业后从事相关技术工作的职业适应能力。目前，山东交通学院传统的课堂讲授模式已呈落后趋势，"船舶与海洋工程基础"课的课程教学内容与模式过于理论化，实践教学相对于理论教学较为滞后，不利于学生工程应用能力的培养和提高。基于课程的特点，针对传统教学方法影响教学质量的问题，以提高学生的工程应用能力为宗旨，以传授船舶与海洋工程基础理论知识为基本目标，提高学生分析与解决实际工程问题的能力。为了更好地适应社会需求的发展，进行船舶与海洋工程基础课程教学改革。

1. 课程建设思路

（1）建设目标。本课程参考国内院校同类专业的工程能力培养模式，以提高专业知识的应用能力、职业能力和工程能力作为培养学生的重点，着重体现船舶与海洋工程课程的理论性、实践性和与时俱进的要求，根据船舶与海洋工程领域专业硕士研究生人才培养方案，坚持以适应社会需要为目标、以培养高级工程应用型人才为主线，突出山东交通学院培养应用型人才的特色，使学生具备一定的可持续发展能力，构建其学习知识内容体系，确保教学内容的合理性、实用性和先进性。

（2）建设方案设计。

1）安排课程绪论环节，精心选择绪论教学内容。"船舶与海洋工程基础"的第一堂课安排课程绪论，是课程建设中的重要一环。上好绪论课对本课程的学习乃至本领域专业的学习显得尤为重要，这是由本门课程的特点决定的。本课程是一门领域基础课必修课，不管哪一领域方向，都必须学习。面对刚刚接触新学科的学生，教师应以绪论为钥匙，帮助学生打开学习新学科的大门，因此教师应当抓住该学科最基本的特征加以精讲，纠正学生头脑中的片面观点，使学生吐故纳新，建立起船舶与海洋工程概念。使学生通过学习绪论，认识到学习本课程的重要性，认识到本课程在船舶与海洋工程学科中的地位和作用，是绪论课教学中必须重视的关键点之一。应使学生获得正确鲜明的印象，激发他们强烈的求知欲望，同时也增强了他们的学习动力。

在绪论课教学中，教师应对全书的基本内容进行串讲，并以示意图显示各章节内容的相互联系，相当于全课程的"提要"。学生掌握这一轮廓图，有利于理解各章节相互之间关系。了解本门课程的重点、难点以及学习方法。选择"中国船舶工业改革开放 40 年发展记略"专题，让学生了解我国船舶工业、船舶高等教育等发展历程；选择"中国海军发展史略"专题，尤其是近百年来中国的屈辱史，增强学生学习船舶与海洋工程学科责任心和使命感。

2）对传统课程内容选择性地保留。教学改革并不意味着对传统内容的全盘否定，而是要保留其精华，去除其中不必要的部分。对于船舶与海洋工程领域而言，虽然其制造工艺、设计手段，设计侧重点都是不断发展变化的，但是船舶与海洋工程本身的原理和构造却没有特别大的变化。所以，使学生掌握基本的基础知识、工程能力、设计技能等是极为必要的。在教改后的课程教学体系中，仍然保留船体结构、船体制图两部分内容，并且仍然作为船舶与海洋工程基础课里较为重点的部分进行讲解，为学生之后的课程和工作打下牢固的基础。

3）将实际工程实例引入到教学中。当学生掌握了一些船舶基本知识之后，教师可以结合某艘整船或分段进行具体分析，让学生了解到船舶设计除了要满足功能和性能要求外，还必须考虑船舶加工的可行性、市场需求、国内外法规和行业标准对设计过程的影响，引导学生加强对新结构、新技术、新工艺和新设计方法的了解和学习。

4）在教学中采用项目教学法。项目教学法是一种以项目为导向，将理论与实际结合的先进教学方法；目的是在课堂教学中把理论与实践教学有机结合起来，充分发掘学生潜能，提高学生解决实际问题的综合能力。针对船舶与海洋工程基础这门课程，在项目制定阶段，可以根据章节所讲授的知识制定具体的项目设计，譬如在"船体基本结构"一章中，设立"某艘船体结构设计"项目，将学生分成几个小组，每个小组给定相同的船体初始参数，但船型不同。在项目实施阶段，针对不同船型设计，各小组可以使用网络、图书资料等查阅相关知识，小组成员间分工合作，完成"某艘船体结构设计"项目，每个小组选派主讲人进行项目答辩。

5）课外作业的布置。课外作业是使学生熟练掌握课程基本知识及扩展知识的一个基本教学要素，是提高学生自学能力培养的重要环节，是教师开展教学工作考核的一个重要内容，是船舶与海洋工程基础课教学的一个不可缺少的环节。课外作业根据教学内容布置，主要包括课程内容自学、知识拓展、项目设计、课堂知识巩固、文献检索等内容；每次课外作业记录成绩。譬如，项目设计课外作业，以5个人为1组，布置一项项目设计。通过合理布置课外作业，避免抄袭，充分发挥学生的创造性和积极性，使学生能够在理论课程教学中彻底理解所学知识，真正培养学生运用知识和解决问题的能力。

6）加大平时考核权重，注重工程应用能力锻炼。建立面向工程应用能力的考核体系，教学进一步融入工程应用能力培养、考核等内容，改变目前以书面试卷考试为主的评价形式，加大平时考核力度，设置具有较高难度的项目或题目，鼓励学生协作或独立完成，注重工程应用能力的锻炼。结合任教老师所承接的企业科研课题，布置课堂作业，按照企业生产要求进行评判，切实加强学生能力和素养的协调发展。船舶与海洋工程基础考核体系以课程考试为主，检验学生学习效果和教师教学效果。加大平时成绩占比，如期末考试成绩占60%、平时成绩占40%，而平时成绩主要由课堂出勤率、课外作业、项目完成率、期中考试成绩等组成。

（3）第二课堂的培育与拓展。对于船舶与海洋工程领域专业硕士研究生来说，第二课堂也是提高学生综合素质与工程应用能力的有效途径。充分利用师生创新项目等实践环节，强化学生动手能力，激发船舶与海洋工程领域学生的学习兴趣，鼓励学生提高实践技能。针对学生提出的意见和确实存在的问题，开设设计性、综合性的项目设计。引入一个实际的科研项目，以科研促进教学，组织学生成立学习兴趣小组直接参加科研活动，撰写研究报告、文献综述及研究论文，将这些工作作为新课程设计的教学目的，以提高学生理论联系实际及分析和解决实际问题的能力。

教师也可以指导学生参与国内船舶设计类大赛，如"全国海洋航行器设计与制作大赛""山东省大学生船艇设计技能大赛""挑战杯大赛"等多项创新设计竞赛，对学生进行一次较全面的模拟设计训练，逐步提高学生船舶设计的技能和理论研究水平。

充分利用实验室开放日、学生科技创新协会活动、师生创新项目、毕业设计、生产实习等实践环节，调动学生参与的积极性，从而强化学生的工程应用能力和创新意识。

2. 课程教学设计与方案

（1）学情分析。"船舶与海洋工程基础"课面向船舶与海洋工程领域船舶与海洋结构物设计制造、游艇邮轮工程、船舶电子电气与轮机工程三个研究方向的所有研究生开设。根据山东交通学院船舶与海洋工程领域专业硕士研究生招生情况统计，具有船舶与海洋工程专业背景的研究生占比很小，绝大部分是非船舶与海洋工程的本科生或专科生。针对授课对象的现实情况，本课程除了让研究生了解船舶与海洋工程的基础知识外，还必须区别于本科生教学，毕竟研究生属于高端人才，已具备良好综合素质和自学能力，故增加了培养工程能力的内容和措施。

（2）主要教学内容。

任务一：绪论。

教授船舶与海洋工程学科简介、课程内容架构，让学生了解本学科及本课程的学习任务。选择"中国船舶工业改革开放 40 年发展记略"专题内容，让学生了解我国船舶工业、船舶高等教育等发展历程；选择"中国海军发展史略"专题内容，尤其是近百年来中国的屈辱史，增强学生学习船舶与海洋工程学科责任心和使命感。布置个人学业规划课后作业。

任务二：船舶类型。

课堂检查个人学业规划。了解船舶的分类及用途、特点；了解海洋工程的特点；了解游艇的分类及用途、特点；了解船舶系统的组成。

任务三：船型和性能。

学习表示船舶排水量、载重量、总吨位等表示船舶大小的参数；学习表示船舶形状的图样——船体型线图；学习主尺度、尺度比、船型系数等表示船舶尺度的参数和含义；学习船舶浮性、船舶稳性、船舶抗沉性、船舶快速性、船舶耐波性等表示船舶技术性能的指标。课后作业：查找相关资料，了解船级社、地方船检、海事局等单位的业务范围，了解世界上比较知名的船级社。

任务四：船体基本结构

学习船体的总纵弯曲、横向载荷、船体的扭曲等作用在船体上力的概念；学习总强度和局部强度概念；学习横骨架式、纵骨架式、混合骨架式的船体结构型式及特点；学习杂货船、散货船、油船、集装箱船、内河船、客船等典型横剖面结构形式及特点；学习外板的构成及作用、外板的厚度与布置；学习甲板及甲板板的概念、甲板板的厚度与布置、舷边连接形式、甲板开口处的加强及甲板间断处的结构；学习横骨架式、纵骨架式双层底结构；学习油船、散货船、集装箱船等典型船底结构特点；学习纵骨架式、横骨架式舷侧结构组成与特点；学习油船、散货船、集装箱船、客船等舷侧结构特点；学习横骨架式、纵骨架式甲板结构特点；学习货舱口结构、舱口悬臂梁、支柱等结构特点；学习油船、散货船等甲板结构特点；学习舱壁结构、首尾端结构、上层建筑结构、机舱棚结构、基座结构、轴隧结构、舷墙、挡浪板、护舷材、舭龙骨、货物的通道、装卸、约束装置等结构。每上完一次课，布置一次课后作业。作业内容可以为课堂讲授内容的复习，也可以为社会热点问题讨论；可以为世界船舶运输与贸易的关系，也可以为世界十大港口吞吐量；可以为了解世界造船强国的领先技术，也可以为我国大型造船企业的基本情况。最后布置一次分小组的课后大作业，综合运用船体结构相关知识完成"某艘船舶结构设计"。

任务五：船舶设备。

学习船舶配置的舵设备、锚泊设备、系泊设备、救生设备和起重设备的用途、组成、类别、结构等知识。课后作业为了解船舶配套企业情况。

任务六：船体制图。

学习船体制图的有关规定、型线图、总布置图、船体结构节点的绘制与识读、中横剖面图、基本结构图、肋骨型线图与外板展开图、船体分段划分图与分段结构图等相关知识，达到识图的学习目的。课后布置与学习内容有关的知识，最后布置一次分组大作业——完成船体制图项目设计。

任务七：船舶设计与制造。

学习船舶设计的基本原则和主要内容、船舶设计数字化、船舶制造的主要工艺流程、船舶先进制造技术等船舶设计、制造基本知识。课后作业为讨论作为船舶工程师应具备的哪些知识与技能？

（3）基本要求及重点、难点说明。

1）基本要求。掌握船舶与海洋工程的专业名词和术语，了解其基本含义，了解海洋工程技术特点；熟悉船舶的主要性能、船体结构形式和船舶建造过程；掌握船体图样的表达方法和绘制方法。

2）重点、难点。重点是船体结构的专业名词、术语、船体图样的表达方法。

难点是船体各部分结构、图样的空间构思。

（4）课程资源。

1）教材及参考资料：

方学智. 船舶与海洋工程概论[M]. 北京：清华大学出版社，2012.

魏莉洁. 船体结构[M]. 2 版. 哈尔滨：哈尔滨工程大学出版社，2014.

杨永祥，管义锋. 船体制图[M]. 北京：国防工业出版社，2005.

魏莉洁，杨海燕. 船舶建造工艺[M]. 哈尔滨：哈尔滨工程大学出版社，2017.

2）实习实训条件。学校具备船舶展览馆、船舶驾驶模拟器、轮机模拟器、船舶机舱虚拟仿真实验、船舶结构实验室、游艇虚拟仿真驾驶实验室等校内实习实训实验室，可以安排研究生利用课余时间进行实习实训。校外拥有山东航宇船业集团股份有限公司、中集来福士海洋工程有限公司、青岛北海船舶重工有限责任公司、青岛昊运船艇制造有限公司等研究生联合培养基地，可以组织研究生进行现场实习。

（5）授课计划。

授课计划见表 6-1。

表 6-1　授课计划

授课顺序	任务	主要内容	学时	各环节教学时数分配			作业
				讲授	讨论	实践	
1	任务一：绪论	1. 船舶与海洋工程学科简介 2. 课程内容架构 3. 中国船舶工业改革开放 40 年发展记略 4. 中国海军发展史略	2	2	0	0	个人学业规划
2	任务二：船舶类型	1. 船舶概述 2. 船舶分类	2	1	1	0	查询材料
3	任务三：船型和性能	1. 船型与尺度	2	1	1	0	课后作业
4		2. 船舶性能	2	1	1	0	

续表

授课顺序	任务	主要内容	学时	各环节教学时数分配			作业
				讲授	讨论	实践	
5	任务四：船体基本结构	1. 船舶类型和结构的一般知识	2	1	0	1	查询材料
6		2. 外板和甲板板 3. 船体结构	2	1	1	0	
7		4. 舷侧结构 5. 甲板结构	2	1	1	0	课后作业
8		6. 舱壁结构 7. 首尾端结构	2	1	0	1	查询材料
9		8. 上层建筑和机舱棚结构	2	1	1	0	项目设计
10		9. 船体上的其他结构	2	1	1	0	
11	任务五：船舶设备	1. 舵设备 2. 锚泊设备 3. 系泊设备 4. 救生设备 5. 起重设备	2	1	1	0	文献查询
12	任务六：船体制图	1. 船体制图的有关规定	2	1	1	0	查询材料
13		2. 型线图	2	1	1	0	课后作业
14		3. 总布置图	2	1	0	1	课后作业
15		4. 船体结构节点的绘制与识读	2	1	0	1	查询材料
16		5. 中横剖面图 6. 基本结构图	2	1	1	0	课后作业
17		7. 肋骨型线图与外板展开图 8. 船体分段划分图与分段结构图	2	1	1	0	项目设计
18	任务七：船舶设计与制造	1. 船舶设计的基本原则和主要内容 2. 船舶设计数字化 3. 船舶制造的主要工艺流程 4. 船舶先进制造技术	2	2	0	0	查询材料
合计			36	20	12	4	期末考试

（6）课程考核方法。本课程考核成绩以平时成绩和期末考试为主。本课程期末总成绩由平时成绩 50 分加期末考试 50 分构成。平时成绩又分为考勤 10 分、课后作业 10 分、三次课后大作业每次 10 分。

（7）其他补充说明及要求。本课程所涉及的内容较多，信息量大，教学学时有限。在教学中应抓住主要矛盾，抽讲、精讲与难点、重点教学相结合，培养学生主动应用知识的能力。注意教学方式、方法，注重强化学生能力培养。要在较少的教学时间内讲授较多的内容，必须充分利用 CAI 技术，可将有关内容制作成幻灯、动画等 CAI 课件。

3. 课外大作业——项目设计

项目设计课外作业，以 4～8 个人为 1 组，布置一项项目设计。通过合理布置课外项目作业，充分发挥学生的创造性和积极性，使学生在理论课程教学部分融会贯通所学知识，真正培养起学生运用知识和解决问题的能力。

（1）学业规划项目设计。该项目的目的是让研究生不忘考研"初心"；通过讨论，明确规划个人三年努力目标，细化每学期学习的重点任务。该项目设计安排在"绪论"课后，作为课外大作业布置。将学生分成小组讨论设计研究生学业规划，每个小组选出代表讲解学业规划内容以及小组内每位同学的具体目标。

学业规划项目设计要点有考研的目的、考研的过程体会、毕业要求、研究生研读期间的总目标、研究生研读期间的年度及学期目标。

（2）船体结构设计。该项目是学完"船体结构"内容的综合训练，锻炼学生的综合工程应用能力，提高学生对船舶与海洋工程基础知识的认知。该项目设计安排在"船体基本结构"一任务后，作为课外大作业布置。将学生分成几个小组，每个小组给定相同的船体初始参数，但船型不同。从杂货船、散货船、油船、集装箱船、客货船、内河船等民用常用船舶挑选船体结构布置作业。

1）项目实施说明。在项目实施阶段，针对不同船型设计，各小组可以使用网络、图书资料等查阅相关知识，小组成员间分工合作，完成"某艘船体结构设计"的项目，每个小组选派主讲人进行项目答辩。

2）项目要点要求。

①分析船舶受力及其对结构的要求。

②船舶采用的骨架型式及其原由。

③船舶采用的船底、舷侧、甲板等典型结构，典型横断面结构。

④船舶采用的船首型式及其原由。

⑤船舶采用哪些主要船舶设备及其用途。

（3）船体制图项目设计。该项目是研究生学完"船体制图"内容后进行的综合训练，意在加深研究生对型线图、总体布置图、结构图、节点图等知识的理解，为今后船舶与海洋工程学科的学习或工作打好识图、绘图基础。该项目设计安排在"船体制图"内容讲解后，作为课外大作业布置。将学生分成小组共同绘制某船型的型线图、总布置图、结构图、节点图等，每个小组选出代表展示绘图过程及成果。

第2节 "船艇复合材料与建造工艺"课程建设

"船艇复合材料与建造工艺"是船舶与海洋工程专业游艇邮轮工程方向硕士研究生的一门专业方向课，课程计划总学时 36，周学时 2，授课总周数 18。本课程在学习先进制造技术基础理论、游艇建造模式及游艇材料的基础上，重点学习玻璃钢船艇复合材料与建造工艺、铝合金船艇复合材料与建造工艺、游艇内装工艺、游艇涂装工艺及游艇检验技术要求。通过本课程的学习，学生应掌握游艇建造方法的选择、游艇建造材料的甄选、游艇模具的选择和制作、船艇复合材料与建造工艺流程、游艇建造缺陷预防与分析、游艇检验与维护保养等方面的知识，为今后从事游艇开发、设计和建造等方面的工作奠定基础。

1. 船艇复合材料与建造工艺课程教学目标

"船艇复合材料与建造工艺"课程是船舶与海洋工程专业游艇邮轮工程方向硕士研究生的一门专业课，该课程是一门由多种专业知识交叉、具有很强综合性的课程，应紧密围绕专业培养目标和专业方向研究内容制定课程教学目标。课程教学目标分为知识目标和能力目标两部分，具体内容如下。

（1）知识目标。

1）熟悉中国及世界玻璃钢船艇业的发展历史及现状，了解生产企业的生产技术条件认可、生产企业的资质认证和许可证制度。

2）熟悉玻璃钢船艇材料工艺及固化特性，玻璃钢的优劣及识别方法，掌握玻璃钢原材料的种类，及选择、保管、使用等方法，了解玻璃钢复合材料在船艇上的应用、制备技术的新进展及典型连接方式。

3）掌握玻璃钢船艇建造工艺技术，模具制造，玻璃钢成型方法、制作质量分析、脱模技术、修补技术，工艺设计与工艺管理，质量监控与检验。

4）熟悉铝及铝合金的焊接特性、焊接方法、设备、工艺、焊接缺陷及预防方法。

5）能够结合铝船体建造实例了解铝船体建造工艺，了解铝-钢过渡接头的复合工艺及其力学性能。

6）了解游艇内舾装工艺、游艇涂装工艺。

（2）能力目标。

1）掌握游艇玻璃钢复合材料各组分的基本特点，具备根据要求正确选取合适的增强材料、基体材料、辅助材料等的能力。

2）掌握游艇复合材料制作的工艺流程及缺陷预防措施，具备正确制定常规生产工艺的能力。

3）掌握游艇模型制作工艺及注意事项。

4）掌握游艇生产工艺及常见缺陷分析、预防、补救知识。

5）具备铝合金游艇建造及工艺制定的基本能力，具备游艇涂装工艺制定及具体施工的基本能力。

6）具备组织、指导、处理、解决与游艇生产检验相关技术问题的能力。

2. "船艇复合材料与建造工艺"课程教学设计

"船艇复合材料与建造工艺"课程具体教学设计包括学情分析、教学内容、教学重点与难点，课程设计方案、课程资源等五个方面。

（1）学情分析。学生为船舶与海洋工程专业游艇邮轮工程方向的硕士研究生，本科为相关或相近专业，已修工程力学、游艇导论、船体结构、船体制图、游艇造型与设计等课程，了解了必要的力学、材料、结构等概念并具备相关专业知识。

（2）教学内容。

任务一：中国玻璃钢船艇业的发展。

该任务主要讲解以下内容：世界和中国玻璃钢船艇业的发展状况，中国玻璃钢船艇的发展，玻璃钢生产企业的生产技术条件的认可，玻璃钢船艇生产企业的资质认证和许可证制度。

任务二：玻璃钢船艇的原材料和结构连接。

该任务主要讲解以下内容：玻璃钢船艇材料工艺概述，玻璃钢原材料的种类、选择和保管使用，玻璃钢的固化特性，玻璃钢的优劣及其识别方法，玻璃钢厚度的计算方法，玻璃钢复合材料在船艇上的应用，玻璃钢复合材料技术的最新进展，玻璃钢船艇结构连接方式的比较——胶结与铺层连接。

任务三：玻璃钢船艇建造工艺技术。

该任务主要讲解以下内容：玻璃钢造船的特点、原料及其作用，熟知的调配和填料的使用，模具制造，玻璃钢成型方法，手糊成型工艺及船体成型要点，积层法作业要点，玻璃钢制作质量分析，脱模技术，船艇浮力舱泡沫塑料灌注技术，玻璃钢的修补技术，工艺设计与工艺管理，质量监控与检验，安全环保及船艇的维护保养，营运中玻璃钢救生艇的检修，玻璃钢船艇的使用寿命。

任务四：铝合金焊接工艺及设备。

该任务主要讲解以下内容：铝及其合金的焊接特性，铝及其合金的焊接方法，惰性气体保护焊工艺及设备，焊接缺陷及预防。

任务五：铝船体建造工艺。

该任务主要讲解以下内容：国内外铝船建造概况，铝船体建造工艺，铝-钢过渡接头的复合工艺及其力学性能，铝-钢过渡接头用于实船建造，铝船体建造实例。

任务六：游艇内舾装工艺。

该任务主要讲解以下内容：游艇内装工艺综述，内舾装工艺。

任务七：游艇涂装。

该任务主要讲解以下内容：涂料概述，船舶涂料用主要成膜物质，游艇漆、铝合金游艇漆的施工工艺。

任务八：游艇检验技术要求。

该任务主要讲解以下内容：游艇检验与证书，纤维增强塑料艇艇体结构检验要求，铝合金艇艇体检验要求。

（3）教学重点与难点。

任务一：中国玻璃钢船艇业的发展。

重点：国内外游艇业的发展历史和现状。

难点：玻璃钢船艇企业生产的基本要求和许可制度。

任务二：玻璃钢船艇的原材料和结构连接。

重点：玻璃钢游艇复合材料制作基本工艺。

难点：玻璃钢原材料的选择、玻璃钢的固化特性及材料优劣鉴别方法。

任务三：玻璃钢船艇建造工艺技术。

重点：玻璃钢造船的特点、原料及其作用；常用的配料调配和填料的使用；模具制造、玻璃钢成型方法；手糊成型工艺及船体成型要点；积层法作业要点；玻璃钢制作质量分析、脱模技术、船艇浮力舱泡沫塑料灌注技术、修补技术。

难点：玻璃钢船艇的材料选择、配料调配、模具和玻璃钢成型工艺及成型方法，玻璃钢质量分析与修补，玻璃钢游艇的使用寿命。

任务四：铝合金焊接工艺及设备。

重点：铝及其合金的焊接特性、焊接方法、焊接工艺、焊接缺陷及预防。

难点：铝及其合金的焊接方法、焊接工艺、焊接缺陷及预防。

任务五：铝船体建造工艺。

重点：铝船体建造工艺，铝-钢过渡接头的复合工艺及力学性能。

难点：铝船体建造工艺，铝-钢过渡接头的复合工艺及力学性能。

任务六：游艇内舾装工艺。

重点：游艇内装工艺发展现状，游艇内舾装工艺。

难点：游艇内装工艺发展现状，游艇内舾装工艺。

任务七：游艇涂装。

重点：涂料分类、组成，船舶涂料用主要成膜物质。

难点：游艇漆、铝合金游艇漆的施工工艺。

任务八：游艇检验技术要求。

重点：纤维增强材料游艇艇体结构检验要求；铝合金艇艇体检验要求。

难点：纤维增强材料和铝合金游艇结构检验要求。

（4）课程设计方案。"船艇复合材料与建造工艺"课程设计方案见表 6-2。

表 6-2 "船艇复合材料与建造工艺"课程设计方案

授课顺序	教学内容	课时数	授课方式	课程活动
1	任务一：中国玻璃钢船艇业的发展	2	互动式教学	课前通过微视频、课件、教材、在线讨论等形式完成学习，课中进行小组协作探究学习，课后独立完成作业，完成相应在线测试
2	自选工程类项目	2	项目驱动式教学	半开放式选题，学生自愿组成项目组，完成课程论文或课程设计，老师期初集中指导，期末项目结题验收
3	任务二：玻璃钢船艇的原材料和结构连接	6	互动式教学案例式教学	课前通过微视频、课件、教材、在线讨论等形式完成学习，课中进行小组协作探究学习，课后独立完成作业，完成相应在线测试。课程中结合教学案例强化学习效果
4	任务三：玻璃钢船艇建造工艺技术	10	互动式教学案例式教学	课前通过微视频、课件、教材、在线讨论等形式完成学习，课中进行小组协作探究学习，课后独立完成作业，完成相应在线测试。课程中结合教学案例强化学习效果
5	船模制作实践项目	2	工程实践式教学	学生通过手工制作船模将理论知识内化，同时也可以积极参加学术科技竞赛

续表

授课顺序	教学内容	课时数	授课方式	课程活动
6	任务四：铝合金焊接工艺及设备	2	互动式教学	课前通过微视频、课件、教材、在线讨论等形式完成学习，课中进行小组协作探究学习，课后独立完成作业，完成相应在线测试
7	任务五：铝船体建造工艺	4	互动式教学	课前通过微视频、课件、教材、在线讨论等形式完成学习，课中进行小组协作探究学习，课后独立完成作业，完成相应在线测试
8	任务六：游艇内舾装工艺	2	互动式教学 案例式教学	课前通过微视频、课件、教材、在线讨论等形式完成学习，课中进行小组协作探究学习，课后独立完成作业，完成相应在线测试。课程中结合教学案例强化学习效果
9	任务七：游艇涂装	2	互动式教学 案例式教学	课前通过微视频、课件、教材、在线讨论等形式完成学习，课中进行小组协作探究学习，课后独立完成作业，完成相应在线测试。课程中结合教学案例强化学习效果
10	任务八：游艇检验技术要求	2	互动式教学	课前通过微视频、课件、教材、在线讨论等形式完成学习，课中进行小组协作探究学习，课后独立完成作业，完成相应在线测试
11	课程论文答辩	2	项目驱动式教学	项目结题，论文答辩和评审

（5）课程资源。"船艇复合材料与建造工艺"是一门多学科的综合专业课程，其内容庞杂、涉及范围广，主要课程会用到教材及参考用书、实习实训基地和船模制作工坊等。

1）教材及参考用书。本课程使用自编教材《船艇复合材料与建造工艺》，该书系统、完整地阐述了玻璃钢船艇复合材料与建造工艺、铝合金船艇复合材料与建造工艺、游艇内装工艺、游艇涂装工艺及游艇检验技术要求等，是一本涵盖范围广的综合性书籍，有较强的实用价值。中国造船工程学会上海学术活动中心和《现代船舶经营使用手册》编委会编写的《玻璃钢船艇建造工艺技术》作为辅助教材，该书系统、完整地介绍了玻璃钢船艇的生产建造工艺流程和技术手段，为规范玻璃钢船艇企业生产和建造工艺提供了参考标准。

2）实习实训基地。山东交通学院在威海西港游艇有限公司、威海中复西港船艇有限公司、青岛北海船舶重工有限责任公司、中航威海船厂有限公司、山东航宇船业集团股份有限公司等20余家规模企业建立了长期实习实训基地，完全满足船舶与海洋工程领域研究生进行实习实训的需求。

3）船模制作工坊。山东交通学院专门为学生手工制作船模提供了场所，即船模制作工坊。场地内配备了模型制作、组装及维护的工具，如尺、刀、钳、锯等，以及制作模型用到的各种木材、金属材料、玻璃钢和黏合剂等，学生通过手工制作船模将理论知识内化，同时也可以积极参加学术科技竞赛。

3. "船艇复合材料与建造工艺"课程教学方式

为了提升学生工程能力，"船艇复合材料与建造工艺"课程主要采取的课程教学方式包括互动式教学、项目驱动式教学、案例式教学和工程实践式教学等。

（1）互动式教学。以小组为单位，通过微视频、课件、教材、在线讨论等形式完成课前学习，并提出不能解决的问题1~3个。课堂上进行小组协作探究学习，上课坐在一起小组讨论，老师集体答疑并总结概括，针对知识点、难点进一步阐述和强化，并带领同学讨论应用和扩展。课后个人独立完成作业，完成相应的在线测试，困惑之处网络讨论，并整理学习笔记。

以课程教学模块"任务二：玻璃钢船艇的原材料和结构连接"为例，对互动式教学进行设计，设计方案见表6-3。

（2）项目驱动式教学。联合行业企业，面向行业人才需求，以培养学生工程能力为目标，将教师科研成果、企业工程案例转化为教学资源，建设一批课程实践项目，项目的实施全面体现学生的主体作用和教师的引导作用。课程中，学生自愿组成项目组，组内进行自主管理。每组指定一名组长，负责项目计划、检查等项目管理工作，对成员的工作过程和成果进行如实的记录和评价。项目为半开放式选题，以工程类问题为主，学生可以从这些题目中任意选择。"船艇复合材料与建造工艺"课程项目选题见表6-4。除了选题的自主性之外，学生项目组在项目特色确定、方案设计、开发平台、测试及运行环境等选择上也具有充分的自主性，有助于在项目实施过程中提升实践能力，培养创新意识、创新思维，提高创新能力。教师在课程中主要负责项目审核、技术咨询、成果检验和评价等工作，只在课程的初期进行集中指导，后期主要采取小组指导的方式给予各项目组针对性的辅导，提高学生有效解决工程问题的能力。

表 6-3 "任务二：玻璃钢船艇的原材料和结构连接"互动式教学设计方案

课程任务	知识点	教学目标	教学活动		
			讨论话题	测试题目	课后作业
任务二：玻璃钢船艇的原材料和结构连接	玻璃钢船艇材料工艺	通过观看微视频，学习PPT和课本，学生能够掌握玻璃钢船艇材料工艺性能，玻璃钢原材料的种类、选择和保管使用，玻璃钢的固化特性，玻璃钢的优劣及其识别方法。作业和在线测试正确率在70%以上	讨论1：试论述玻璃钢游艇材料的工艺性能	测试1：选择8题，填空3题	作业1：完成案例"玻璃钢材料的选择、管理及使用实例"
	玻璃钢厚度的计算方法	通过观看微视频、学习PPT和课本，学生能够掌握玻璃钢厚度的计算方法。作业和在线测试正确率在70%以上	讨论2：简述玻璃钢厚度计算方法	测试2：选择题10题	作业2：完成案例"玻璃钢厚度计算实例"
	玻璃钢船艇结构连接方式	通过观看微视频，学习PPT和课本，学生能够掌握玻璃钢船艇结构的连接方式。作业和在线测试正确率在70%以上	讨论3：试比较玻璃钢游艇结构胶接和铺层两种连接方式	测试3：选择题5题，填空题2题	作业3：完成案例"玻璃钢游艇结构胶接与铺层连接方式选择实例"

表 6-4 船艇复合材料与建造工艺"课程项目选题

序号	项目题目	项目所需人数
1	国内外玻璃钢在游艇方面的应用	1～2 人
2	玻璃钢游艇材料工艺研究	2～4 人

续表

序号	项目题目	项目所需人数
3	玻璃钢游艇结构胶接与铺层连接方式的比较	1～2 人
4	玻璃钢游艇建造程序	1～2 人
5	玻璃钢的成型方法研究	2～4 人
6	玻璃钢模具制造及脱模技术	1～2 人
7	玻璃钢制品常见的缺陷及补救方法	1～2 人
8	玻璃钢游艇生产新技术及应用	2～4 人
9	铝合金游艇制造工艺研究	2～4 人
10	游艇检验技术要求	1～3 人

（3）案例式教学。围绕工程能力培养，打破传统的课程知识体系逻辑架构，根据当前船艇复合材料与建造工艺的发展及其在船舶与海洋工程中的应用实际，梳理专业核心知识点，以船艇复合材料与建造工艺典型工程案例为主线，串联相关知识点，理论与实践融合，实践与工程接轨，重构了课程教学内容。同时，联合行业企业，将教师科研成果、企业工程案例转化为教学资源，形成了十多个典型教学案例。"船艇复合材料与建造工艺"课程教学案例库见表 6-5。

表 6-5　"船艇复合材料与建造工艺"课程教学案例库

序号	案例名称	案例来源
1	玻璃钢材料的选择、管理及使用实例	企业工程案例
2	玻璃钢厚度计算实例	科研课题
3	玻璃钢游艇结构胶接与铺层连接方式选择实例	企业工程案例
4	玻璃钢手糊成型工艺及船体成型工艺实例	企业工程案例
5	玻璃钢船艇脱模操作实例	企业工程案例
6	游艇浮力舱泡沫塑料灌注操作实例	科研课题
7	玻璃钢游艇船体积层施工工艺实例	企业工程案例
8	玻璃钢船体成型用模具制作实例	企业工程案例
9	玻璃钢船体常见缺陷及补救方法实例	企业工程案例

续表

序号	案例名称	案例来源
10	玻璃钢船艇价格估算实例	企业工程案例
11	船体舾装实例	企业工程案例
12	船体涂装实例	企业工程案例

（4）工程实践式教学。工程实践能力的培养需要设立相应实践教学课程模块，本课程以船模制作实践项目作为工程实践教学的课程模块。学生通过手工制作船模将理论知识内化。"船艇复合材料与建造工艺"课程手工制作船模如图 6-1 所示。

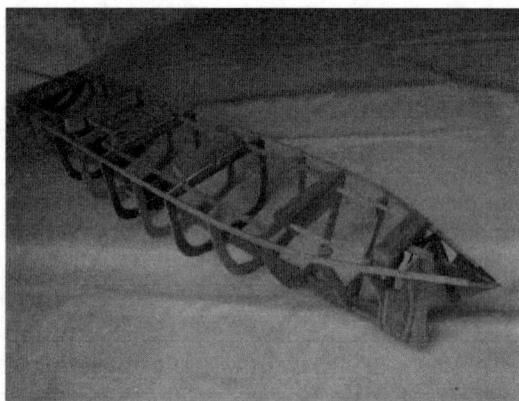

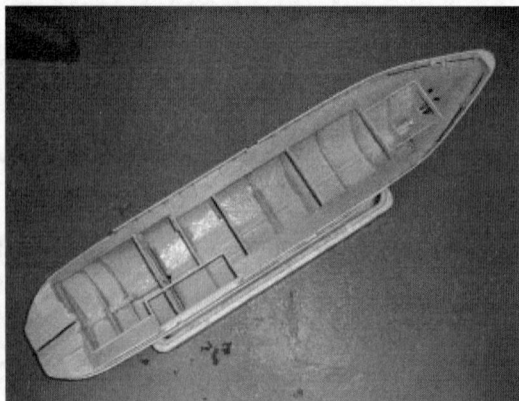

图 6-1 "船艇复合材料与建造工艺"课程手工制作船模

4. "船艇复合材料与建造工艺"课程评价模式

"船艇复合材料与建造工艺"课程采用过程性考核与期末课程论文相结合的方法进行考核，其中过程性考核成绩占 60%，期末课程论文成绩占 40%。过程性考核又分为平时考勤、课堂表现、在线测试、课后作业和项目实践五个部分。期末课程论文又分为论文答辩和论文评审两个部分。"船艇复合材料与建造工艺"课程评价模式见表 6-6。

表 6-6 "船艇复合材料与建造工艺"课程评价模式

考核项目		评分方式
过程性考核（60%）	平时考勤（6%）	日常点名和考勤，缺勤次数达 3 次过程性评分为 0
	课堂表现（12%）	能够认真听讲，能够经常性地主动提问专业相关问题，踊跃回答课堂教学问题，回答问题准确率较高，能够积极融入各项课堂教学环节，在小组讨论或是进行课堂活动时表现积极
	在线测试（12%）	能够按时进行在线测试，按照正确率评分
	课后作业（12%）	能够按时提交每次作业，客观题按正确率评分，主观题按内容翔实程度评分
	项目实践（18%）	能够认真执行项目并提交实践报告，在项目实践过程中表现优秀，能够运用科学方法分析工程技术问题并解决，能够正确应用行业技术标准、规范、施工手册和试验规程，具有创新意识
期末课程论文（40%）	论文答辩（20%）	论文立意新颖，选题实践性强，研究内容充实，完成设计任务书要求，写作规范。答辩时能在规定时间内流利、清晰地阐述论文的主要内容，正确回答与论文有关的问题
	论文评审（20%）	能积极、广泛、准确地收集、整理资料；能正确地综合运用本课程和本专业的知识技能，独立完成全部设计任务；内容、格式符合国家、行业、学科和设计任务书的有关要求；具有创新意识；格式规范、完整、行文流畅有条理，设计成果具有较好的参考价值

根据以上课程评价模式计算各评价项目的评价分数，计算学生各评价项目的

平均分数，量化评价教学成果。若平均分数在 70 分及以上，则认为已达到预期的学习效果，否则认为没有达到预期的学习效果，需要反思教学过程，寻找存在的问题并找到合理的解决方案。

"船艇复合材料与建造工艺"课程仍需持续改进，结合课程教学的实际和需要，转变课程考核方式，加强平时过程性考核，不断增强学生工程能力的提升，实现学生考核过程精细化、教学效果分析与反馈即时化。

第 3 节 "涂装先进技术"课程建设

本课程是船舶与海洋工程领域重要专业课程，在前期学生对船舶防护基本知识学习的基础上，拓展和深化学生对腐蚀电化学原理、涂料防护作用机制、涂装施工工艺、未来船舶涂装防护发展方向等方面知识掌握；通过教师教授、交流讨论、船舶修造企业实习实践等方式，使学生进一步加深对船舶与海洋工程行业的认识，对本领域学生核心技能的培养和职业素质的养成起重要作用，提升学生工程能力和综合素质。

1. 课程简介

（1）课程性质和任务。"涂装先进技术"是船舶与海洋工程领域研究生的专业课。本课程共 36 学时。通过本课程的学习，学生应了解和掌握船舶、海上平台、港口、集装箱等船舶与海洋工程行业相关金属结构物在使用过程中的腐蚀过程、原理及防护方法，特别是涂料防护在防腐领域中的应用，涂料性能检测分析方法，船舶涂装防护新材料新工艺和发展趋势；掌握船用涂装材料的基本性质和现行技术标准要求，掌握船舶涂装初步设计、详细设计、生产设计的工艺路线及方法，熟悉相关技术性能指标及技术方案，结合现行的规范和标准，能对涂装工程施工进行工艺评定和质量评定；能正确认识船舶工程对社会发展的影响，掌握基本的创新方法，具有追求创新的态度和意识，具备独立学习的能力，并能够将自己所学习的专业知识应用于职业发展中，为培养优秀的船舶与海洋工程领域专业人才打下坚实的基础。

（2）课程主要教学内容。本课程主要包括六个章节相关内容，具体内容如下。

第一章　绪论

（一）教学目的与要求

通过学习了解金属腐蚀的概况与原理。

（二）教学重点与难点

金属材料腐蚀原理和分析。

（三）主要教学内容

腐蚀的含义，国内外对金属腐蚀认识和研究过程，金属腐蚀类型，金属腐蚀电化学原理及相关理论，金属腐蚀与防护方法。

第二章　船舶与海洋工程防护涂料

（一）教学目的与要求

通过学习了解和掌握涂料防护的特点与类型，理解涂料在船舶与海洋工程领域中的重要作用。

（二）教学重点与难点

涂料防护作用原理，常用防腐涂料类型，防污涂料的作用机理及类型。

（三）主要教学内容

船舶与海洋工程装设备（船舶、海洋平台、集装箱等）腐蚀环境与防护要求分析，涂层防护原理与分类，防污涂料的作用机理及类型。

第三章　涂料涂装技术与工艺

（一）教学目的与要求

通过学习，了解和掌握各类涂料涂装技术方法。

（二）教学重点与难点

不同涂装方法工艺过程与特点。

（三）主要教学内容

涂料涂装前处理方法，涂料涂装配套设计，传统与新型涂装工艺方法，涂层缺陷分析与防治。

第四章　新型涂料发展与应用

（一）教学目的与要求

通过学习，掌握各类新型涂料与特种涂料的发展历程与方向。

（二）教学重点与重点

水性涂料水性化、低表面处理涂料作用原理等。

（三）主要教学内容

水性涂料、低表面处理涂料、高固体份涂料、高弹性体涂料、防热涂料等新型涂料类型及应用。

第五章　涂料性能与检测

（一）教学目的与要求

通过学习，掌握涂料与涂膜性能指标体系与检测方法。

（二）教学重点与难点

涂料性能检测方法与分析，腐蚀电化学分析方法。

（三）主要教学内容

涂料涂膜性能指标内容，涂膜特殊功能检测，电化学阻抗谱、扫描开尔文探针、极化曲线等腐蚀电化学方法的应用与分析。

第六章　船舶涂料发展趋势与前景

（一）教学目的与要求

通过学习，了解和掌握船舶涂料未来发展方向。

（二）教学重点与难点

船舶涂料研发重点方向和趋势。

（三）主要教学内容

国际海事组织（IMO）、国际船级社协会（IACS）、国际航运公会（ICS）等组织有关规定升级要求，船舶涂料在防护性、经济性、节能和与生态环境的适应性、功能性等方面发展趋势和前景。

（3）课程授课计划。本课程教学内容共利用36节课时完成，采取教师教授、师生讨论以及校内外实习实践等方式开展教学活动，具体授课计划安排见表6-7。

表 6-7 "涂装先进技术"授课计划安排

授课顺序	教学内容	课时数	授课方式	预期成果
1	第一章 绪论 第一节 金属腐蚀介绍	2	讲授、讨论	了解和掌握金属腐蚀定义及相关研究简况
2	第二节 金属腐蚀电化学相关理论	4	讲授、讨论	了解和掌握相关腐蚀电化学理论，如双电层理论、极化和去极化、能斯特方程等；金属腐蚀与防护方法
3	第二章 船舶与海洋工程防护涂料 第一节 船舶防腐涂料	4	讲授、讨论	了解涂料功用、组成、分类、常见命名、干燥机理；了解船舶涂料的特点、分类、要求
4	第二节 船舶防污涂料	2	讲授、讨论	了解和掌握防污涂料的作用机理及类型
5	第三章 涂料涂装技术与工艺 第一节 前处理方法与标准	4	讲授、讨论、船厂实践	了解和掌握表面处理质量对涂层保护性能的影响及原因；了解和掌握钢材表面处理质量的评定依据，清洁度和粗糙度的评定方法；了解和掌握磷化、酸洗、抛丸等前处理方法
6	第二节 涂料涂装工艺与方法	4	讲授、讨论、船厂实践	了解和掌握刷涂、辊涂、压缩空气喷涂和高压无气喷涂等常用涂装施工技术；了解和掌握超音速火焰热喷涂、电泳喷涂、冷喷涂等新型涂料涂装技术
7	第三节 涂料涂装设计	2	讲授、讨论	了解和掌握涂装设计的任务；合理设计涂装配套方案；了解和掌握常见涂层缺陷分析与处理方法
8	第四章 新型涂料发展与应用	4	讲授、讨论	了解和掌握水性涂料、低表面处理涂料、高固体份涂料等新型涂料特点和作用原理
9	第五章 涂料性能与检测 第一节 涂料基本理化性能检测	2	讲授、讨论、船厂实践	了解和掌握涂料颜色、细度、硬度、耐冲击性、附着力、盐雾实验等常规性能检测方法与标准
10	第二节 涂膜腐蚀电化学检测方法	2	讲授、讨论	了解和掌握电化学阻抗谱、极化曲线、扫描开尔文探针等腐蚀电化学方法在涂层性能评价中的应用

续表

授课顺序	教学内容	课时数	授课方式	预期成果
11	第六章 船舶涂料发展趋势与前景	4	讲授、讨论	了解和掌握国际海事组织（IMO）、国际船级社协会（IACS）、国际航运公会（ICS）等组织有关规定升级要求；船舶涂料在防护性、经济性、节能和与生态环境的适应性、功能性等方面发展趋势和前景
12	课程考核	2		

（4）课程教学资源。"涂装先进技术"是一门涵盖多专业、多学科的专业课程，不指定某一本教材作为课程教学材料，可将参考教材、网络资源、校内外实习实践基地等相关资源应用于教学阶段。

1）参考教材书目：

汪国平. 船舶涂料与涂装技术[M]. 北京：化学工业出版社，2006.

曹楚南. 腐蚀电化学原理[M]. 北京：化学工业出版社，2008.

李荣俊. 重防腐涂料与涂装[M]. 北京：化学工业出版社，2014.

王佳. 液膜形态在大气腐蚀中的作用[M]. 北京：化学工业出版社，2017.

2）网络资源。将中国知网、维普、万方等数据库，龙的船人、小木虫学术论坛等专业学术论坛，中国腐蚀与防护网等专业网站相关资源引入课程教学，学生课后可利用相关网络资源查阅腐蚀与防护领域最新成果与发展。

3）校内外实习实践场所。依托学校"船舶舾装与涂装实验室"、中集海洋工程研究院有限公司、威海西港游艇有限公司、中航威海船厂有限公司、山东航宇船业集团股份有限公司等校内外实践场所开展相关实践工作，加强学生对本领域相关知识技能的认识与掌握。

（5）考核方式。课程考核采取过程考核与考试考核并行的方式，成绩由平时课堂表现、课程设计汇报及期末考试等多种形式共同组成。在授课过程中根据进程安排组织学生到船舶企业就涂料涂装工艺、检测等过程进行现场实践，加深学

生对相关方法和原理的了解，并将相关实践工作纳入 PPT 汇报、课堂交流等考核
内容，通过将工程一线相关工作与课堂知识比较，加深学生对相关知识的理解和
掌握。

2. 工程能力提升的教学实施过程

（1）以构建知识理论体系为目标，开展综合课题设计。在完成相关章节的教
学后，由任课教师布置有一定综合性和创新性的任务，学生根据所布置的设计课
题，以小组为单位共同完成任务。通过合理布置课外项目作业，充分发挥学生的
创造性和积极性，使学生能够在理论课程教学部分融会贯通，真正培养学生运用
知识和解决问题的能力。

1）船舶电腐蚀防护设计。该课题在完成第一章学习，学生初步掌握了腐蚀与
防护的基本原理后进行。课题目的是综合所学的腐蚀电化学原理，分析船舶在码
头停靠进行焊接维修过程中可能会导致发生电腐蚀的因素，设计一套合理的线路
连接方式，并通过课堂答辩形式开展交流。

本设计课题要点有：

①查阅文献资料，分析在船舶停靠后在焊接过程中可能会造成电腐蚀的条件
和因素。

②分析和阐述电腐蚀的特点。

③针对问题产生原因，提出合理的设计方案。

2）某船舶涂料用量计算设计。该课题在完成第二章和第三章学习，学生初步
掌握了船舶涂料和涂装工艺的基本原理和过程后进行。该课题的目的是综合所学
知识，分析船舶腐蚀与防护要求，针对某尺寸船舶进行涂装设计，并对所用涂料
用量进行计算。

本设计课题要点有：

①根据船舶防护要求，选定底漆、中间漆和面漆等类型。

②根据船舶涂料涂装要求，编制设计说明书。

③根据船舶尺寸和结构，划分区域，编制涂装明细表和面积表。

④计算船舶涂料预计用量。

3）船舶防腐方案设计。该课题在完成本课程相关理论教学，学生较为全面地掌握了船舶腐蚀与防护的相关知识后进行。该课题的目的是综合所学知识，分析船舶水线上方（如甲板）和船舶水下部分所处环境的腐蚀破坏特点，明确防护要求，设计一套合理的腐蚀防护方案，并通过课堂答辩形式开展交流。

本设计课题要点有：

①查阅相关文献资料，确定课题设计所使用的涂料类型，确定涂装配套方案。

②根据船舶涂料涂装要求，选择合适的预处理方案和涂装施工技术。

③分析涂料施工中可能出现的问题和解决方案。

④讨论和分析水下部分与水上部分防护异同。

（2）以巩固深化专业技能为目标，拓展学生校内实践途径。为使学生更好地了解船舶涂装前处理相关过程，提升工程能力和综合素质，学校依托船舶涂装与舾装实验室，开展船舶涂装预处理相关实习实践。

实验室目前配备钢板预处理系统、高速分散搅拌器、研磨机、盐雾试验箱、紫外老化试验箱等涂装相关专业设备。船舶涂装与舾装实验室部分实验设备如图6-2所示。

学生在任课教师的指导下，进行校内实践，了解涂料生产过程、船舶用钢板涂装前预处理过程与工艺、涂层基本理化性能检测方法，通过和所学知识的比较，加深对所学知识的理解。

（3）以工程能力提升为目标，引导学生参与工程一线实践。涂装是船舶制造中的核心一环，是壳舾涂一体化的重要组成部分。研究生需要通过学习掌握相关理论知识，通过在生产一线实践认知了解相关生产工艺和技术。近年来，学校先后组织船舶与海洋工程学生到中航威海船厂有限公司、中集来福士海洋工程有限公司、威海西港游艇有限公司等相关单位进行实习实践，通过实习实践增强学生运用工程原理和船舶专业知识分析和解决实际的船舶与海洋工程问题的能力，最终达到工程能力提升的培养目的。学生参与企业实践部分图片如图6-3所示。

图 6-2　船舶涂装与舾装实验室部分实验设备

图 6-3　学生参与企业实践活动

第 4 节　"游艇邮轮发展史与设计评价"课程建设

"游艇邮轮发展史与设计评价"作为游艇邮轮方向研究生专业任选课，能使学生对游艇邮轮发展历程有较为完整的认识，对学生今后从事设计工作有较为重要的作用。作为游艇邮轮研究生设计类课程体系中的重要一环，对该课程的掌握程度直接影响着后续专业课程的学习质量。

"游艇邮轮发展史与设计评价"主要讲述世界主要国家游艇邮轮的发展历程，游艇邮轮形态的演变，以及游艇邮轮形态设计的评价方法与过程，是技术与艺术相结合的一门课程。

1. "游艇邮轮发展史与设计评价"课程简介

"游艇邮轮发展史与设计评价"是船舶专业研究生游艇方向专业任选课。本课程共 36 学时，2 学分。课时比较紧张，有些问题无法充分展开授课，要求学生课外去阅读相关材料并开展学习讨论，以达到更好的学习效果。

（1）课程任务。通过本课程的学习，学生应在课程学习的基础上，对船舶游艇造型发展的历史沿革有一定的认识，提高船艇形态塑造能力，培养对船艇形态设计的综合评价能力。

（2）主要教学内容。

1）绪论。船艇美学研究的内容与范围，认识美学的基础理论。

2）游艇邮轮发展的历史沿革。游艇邮轮发展的起源与发展，从 17 世纪到 21 世纪游艇邮轮的形态变化，配件材料及加工工艺的发展。

3）船艇设计评价。从船艇美学概念设计构思，概念设计基本原则与基本内容以及船艇室内人体工程学等方面对游艇设计做出评价；船体外观特点、设计风格等；基本的多指标评价方法。

（3）基本要求及重点、难点说明。

1）基本要求。通过本课程的教学，了解游艇邮轮发展历史沿革，并能够说出造型原理在船艇中的应用。能够理解造型设计的方法，并能够依据美学原理以及评价理论进行船艇设计评价。

2）重点、难点。

重点：船艇美学基础理论特点，船艇外观内装设计。

难点：多指标评价方法。

（4）教学实施情况表。课程教学实施情况见表6-8。

表6-8　教学实施情况

内容名称	学时	授课形式	知识点及主要内容	达成形式
第一章　绪论				
第一节　游艇、游船与邮轮概念	2	讲授	游艇邮轮概念讲授	课后作业
第二章　游艇邮轮发展的历史沿革				
第一节　游艇的起源及发展历程	6	讲授及讨论	世界范围内（各主要西方国家）邮轮发展过程	PPT汇报
第二节　邮轮的起源及发展历程	6	讲授及讨论	世界范围内（各主要西方国家）游艇发展过程	PPT汇报
第三节　我国游艇、邮轮的发展史及设计特点	2	讲授及讨论	我国游艇邮轮从产生到发展的历程	PPT汇报
第四节　游艇邮轮建造工艺及材料的发展	2	讲授及讨论	游艇邮轮的建造工艺及材料的发展历程	论文
第五节　游艇邮轮设计建造新技术	2	讨论	游艇邮轮建设的新技术介绍	论文
第三章　船艇设计评价				
第一节　多指标评价体系	4	讲授和讨论	多指标评价体系的定义与基本思想	论文
第二节　游艇多指标评价体系的构建	4	讲授及讨论	多指标评价体系的构建方法	论文
第三节　邮轮多指标评价体系的构建	4	讨论	构建用于游艇邮轮的多指标评价体系	论文
第四节　多指标游艇邮轮综合评价	4	讨论	综合本章内容，进行实际评价训练	评价报告
期末考核				

（5）课程资源。课程没有具体教材，拟定多本参考资料，要求学生阅读。具体参考资料如下。

于建中．船艇美学与内装设计[M]．上海：上海交通大学出版社，2011.

蒋志勇．船舶造型与舱室设计[M]．哈尔滨：哈尔滨工程大学出版社，2003.

黄厚石．设计原理[M]．南京：东南大学出版社，2010.

Mike Bender, Boydell, Brewer. A New History of Yachting[M]. Boydell Press, 2017.

Massimo，Musio-Sale．游艇设计：从概念到实物[M]．涂山，等译．北京：中国水利水电出版社，2017.

目前，随着时间的推移，已经形成了一套完备的课程资源体系，其中包括课程参考教材、根据该课程形成的自编讲义、较完备的视频资料库以及课程实践场所——创新工作坊。

（6）课程考核。课程考核采用平时考核和期末考试（专业论文）相结合的方式。平时成绩占60%，期末考试占总成绩的40%。"游艇邮轮发展史与设计评价"课程考核方式见表6-9。

表6-9 "游艇邮轮发展史与设计评价"课程考核方式

考核形式	课程知识点	单项占比/%	考核方式	最终成绩占比/%
过程考核	游艇、邮轮的概念与区别	10	课后作业	55
	船艇邮轮外形美学概念与分类特点分析	20	PPT汇报	
	意大利游艇邮轮的发展	5	PPT汇报	
	荷兰游艇邮轮的发展	5	PPT汇报	
	美国游艇邮轮的发展	5	PPT汇报	
	北欧游艇邮轮的发展	5	PPT汇报	
	亚洲游艇邮轮的发展	5	PPT汇报	
	我国游艇邮轮的发展及现状	10	PPT汇报	
	游艇邮轮设计的评价	35	评价报告书	
考勤		100		5
期末考核	课程综合知识的运用	100	论文	40

为培养学生运用所学理论知识综合分析问题和解决问题的能力，期末考试采用课程设计形式，试题内容为完成一篇课程论文。

课程论文具体要求说明如下：

1）调研游艇邮轮的发展历史。从下列角度任选其一进行论文写作：①游艇邮轮发展历史与展望；②游艇邮轮设计与生产工艺；③游艇邮轮设计中的先进设计制造理论分析评价；④其他游艇邮轮设计相关问题。

2）论文题目自拟，论文应包含问题描述、相关知识介绍、解决方法及参考文献等部分。

3）论文可参阅相关参考文献，但不得大面积抄袭。参考文献须在论文最后注明列出。

4）论文格式符合发表论文的要求，字数在 3000～5000 字。

2. 教学方法及内容革新

革新主要包括两个部分。第一部分是课程及教学方法改革。目前在工程硕士培养模式当中，以强化工程能力提升为目的，基于"项目"的培养模式已成为一种重要的培养形式。该培养模式注重培养学生的实践工作能力、良好的知识应用能力以及独立解决问题的能力。在工程硕士人才培养过程当中，基于"项目"重点，变知识传授为以问题为导向的培养形式是明确的，而问题引导式（Problem-Based-Learning，PBL）是可行的培养改革之路。将 PBL 教学模式融入培养改革之中，注重学生的主体位置，以解决项目问题为导向，以小组合作为方式，通过适当的引导与激励促使学生解决问题，最终形成其独立解决项目问题的能力。

具体到"游艇邮轮发展史与设计评价"课程，课程包含游艇邮轮设计制造的发展历程，当前国内外主流的游艇邮轮设计与制造分类，游艇美学与发展方向，以及运用美学、设计学、工程学等知识对游艇邮轮的设计进行评价与分析等内容。针对课程中应用性较强的特点，按照强化工程能力提升的要求，对教学方法和教学模式进行改革，引入 PBL 教学模式，并结合"游艇邮轮发展史与设计评价"课程，通过 PBL 教学模式在全日制工程硕士课程授课中应用范例。

随着教育信息化技术的不断发展和专业方向的持续细分，传统的以教师为中心、以班级为单位的集中授课模式在研究生教育体系中的弊端不断显露。互联网时代的研究生思维方式、行为方式以及学习目标与方法与以往相比，变化显著。基于丰富多样化的课程教学资源并以学生为主体的互动式教学模式已逐步取代传统的班级授课形式。PBL 教学模式作为一种重要的以学生为中心的教学模式，开始在教学中逐步得以应用。对比传统的教学模式，PBL 教学模式注重学生的主体性，教师在整个过程中起引导作用。

以"法国游艇发展历程"为例，"法国游艇发展历程" PBL 教学流程如图 6-4 所示，在具体教学改革实施当中，首先把整个教学内容总结为若干个知识点，然后依据各知识点展开 PBL 模式教学。如将本课程中理论内容"法国游艇发展历程"和实践课程"博纳多"（著名法国游艇品牌，图 6-5）游艇设计风格演变训练相结合，学生首先自行通过各种信息手段以及图书馆资料搜集"博纳多"品牌游艇的设计作品，然后在老师引导下归纳该品牌游艇设计风格演变过程，并通过 PPT 汇报的形式进行课堂阐述。教师最后进行评价和总结，并解决理论内容"法国游艇发展历程"。世界各国游艇发展历程在课程设置中大都采用了这种教学形式。

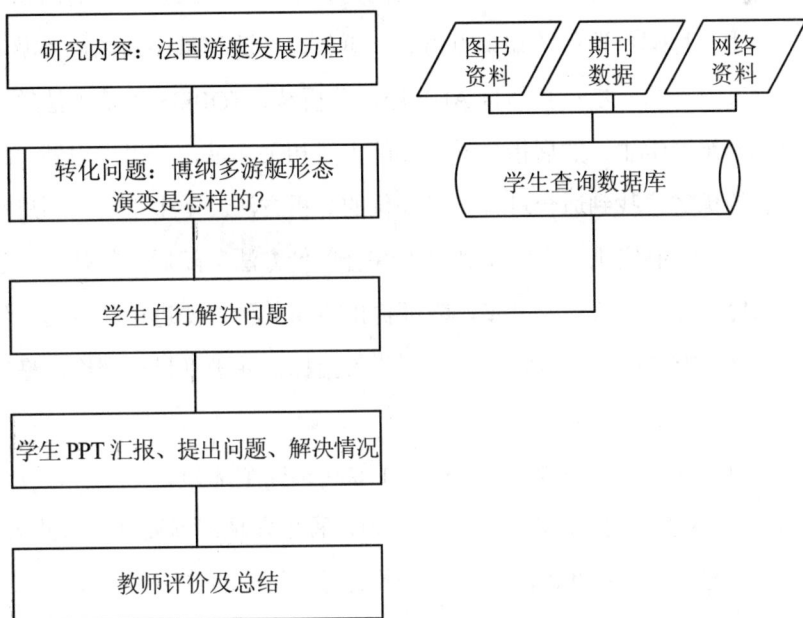

图 6-4 "法国游艇发展历程" PBL 教学流程

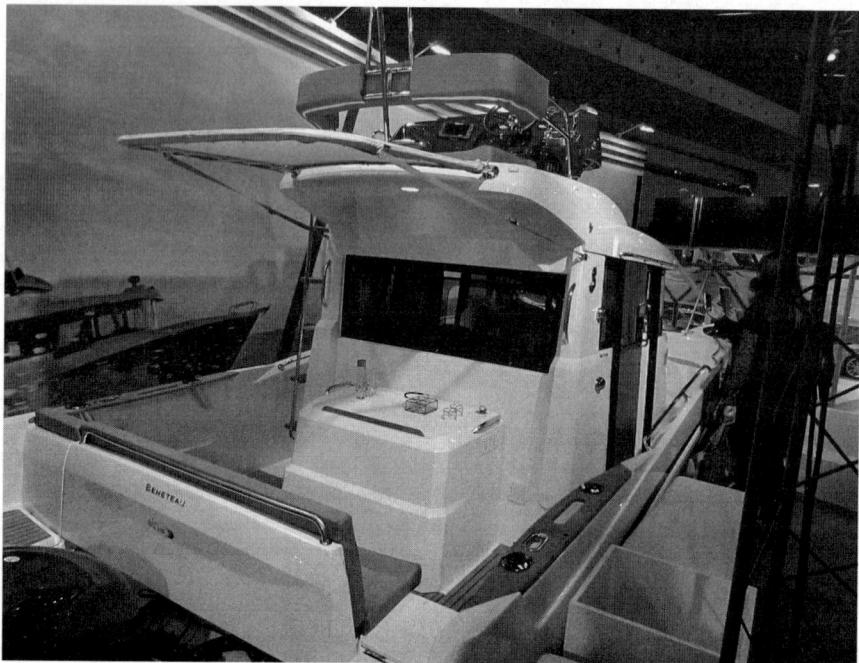

图 6-5　法国"博纳多"游艇

教师将整个教学过程分解成多个重要的知识点，设置成课程中的问题，基于问题引导学生自行解决课程各知识点内容。再如，在课程重要知识点"游艇邮轮设计的评价"中。第一步，教师将 AHP 层次分析法、TOPSIS 评价方法等主流评价方法简单介绍给学生，然后指导学生参阅大量相关文献，并提出问题：比较各种评价方法的优劣，找到适合进行游艇评价的分析方法。学生带着问题进行文献的查询与阅读，并制定出适合游艇评价的综合评价方法。随后，教师对学生给出的评价方法提出优化建议。第二步，教师提出应用某种方法进行某游艇评价的问题，学生依据该方法的评价过程自行设置相关指标，并进行目标评价。最终制作评价报告，并进行 PPT 演示。

该教学模式具有自身的特点和优势，主要包括四个部分。

1）注重培养学生剖析问题的能力。学习过程由发现问题展开，以此为驱动，促使学生对问题展开深入剖析，并寻找合理的解决问题的方法和手段。

2）提高学生的实践能力。学生学习的过程是深入到情境当中进行情境探究，能够体会到情境探究对学习的促进作用，其整个过程都是在实践摸索中完成的，能够极大程度地培养学生的实践创新能力。

3）促进团队协作能力。解决问题的过程往往是以研究团队为单位的，学生能够与团队成员保持良好的合作关系。

4）学习成果易于量化。学生通过解决问题进行学习，问题是否得到解决、解决的程度如何，都可以作为学生学习成果的量化指标。

在整个过程当中，教师起到引导的作用，促进学生独立思考和解决问题的能力。由此可以看出，课程的教学是以提升学生工程能力为根本目标的。

3. 教学方法及内容革新

革新的第二部分是课程讲义及资料库的建设。山东交通学院作为全国领先开设游艇邮轮培养方向的高校，游艇邮轮工程研究一直是学校的特色研究领域。游艇邮轮工程作为学校特色的研究生专业方向，经过多年的积累，已具备相当数量的可供研究的资料。目前，该课程尚无经典教材可选用。国内游艇专业相关资料较少，涉及游艇邮轮发展史与设计评价的内容更是未见其相关图书与资料。课题组依照提升工程应用能力的要求，经过多年的课程建设，于2017年申报山东交通学院研究生教育创新计划"游艇邮轮发展史与设计评价"课程建设（2017YJ008），并于2019年6月结题。

通过网络搜集、整理游艇相关发展史相关资料。丰富课程讲义与课程视频资料内容。课程组人员赴英国南安普敦索伦特大学、新西兰奥克兰大学访问学习（图6-6），带回游艇邮轮发展史相关英文原版图书与视频资料，与目前国内参考资料相得益彰，形成了丰富的课程电子资源资料库。本课程建设过程中，根据目标展开，项目期内搜集了相关国外图书影印、扫描版2本。并参考国内外相关资料，初步编成课程讲义。课程讲义将游艇和邮轮分开，从游艇、邮轮的起源讲到各自的发展历程，以及今后发展的趋势。对这两种娱乐型船舶展开研究。设计成为促进游艇邮轮发展的重要因素，书籍从人机工程学以及现代设计方法的角度建立了游艇优化评价指标。目前，由课程组成员编写的该课程讲义《游艇邮轮发展史与设计评价》已初步成形，即将在校内印刷使用。课程资源的优化依据课程改革的要求，将提升学生工程应用能力作为资料库建设的目标。本课程图书及电子资源既可以作为本校研究生课程教材使用，也可以作为国内开设游艇专业方向的学校、游艇设计从业者和爱好者作为教材和参考书使用。

图 6-6　课题组成员在奥克兰大学访问报告

4. 考核方式改革促进工程能力提升

基于 PBL 课程的教学过程发生转变后，相应的评价指标体系也可根据 PBL 教学过程中的问题提出与解决情况拟定。在游艇邮轮发展史与设计评价课程中根据各知识点的评价方式以及在课程综合评价中的所占比重进行课程考核。考核中采用重过程考核、轻期末论文的考核形式，本课程的过程考核及考勤占最终成绩的 60%，期末论文仅占最终成绩的 40%。改革后的教学内容完全吻合课程重难点要求，课程的考核方式也更加灵活，并符合研究生教育引导为主的教学理念。基于 PBL 教学模式，在平时考核中从单一的课后作业考核变成了多种形式的考核，增加了在教师引导下解决问题的课程汇报以及游艇邮轮设计评价报告书。

通过强化工程能力提升的课程教学改革，注重过程考核，学生对课程知识点的把握更加准确，认知更加明确。学生激发了对课程的学习热情，与此同时，通过自主学习，增强了思维能力和创新意识。

通过课后对研究生的一对一访谈可以发现，强化工程能力提升的这种教学模式能够充分调动学生的积极性，促进学生独立学习，学生对课程知识点的把握更加牢固。在本课程教学内容的引导下，2018 年，我校学生刘振明根据在中集来福士旗下游艇厂实践而完成的硕士毕业论文《豪华游艇居住舱室舒适度综合评价研究》论文获得省优秀硕士论文。同年，研究生李超、姜芳超等完成的《基于万维引擎的游艇驾驶虚拟仿真系统开发》获得山东省实践优秀成果奖。

第 5 节 "动力装置原理与设计方法"课程建设

"动力装置原理与设计方法"课程建设应用于船舶与海洋工程领域，适用于船舶结构物设计与制造及轮机工程方向，以案例教学法为主，全面系统地学习船舶动力装置原理与设计知识。课程建设内容均来自实际工程环节，通过实际工程案例，让学生身临其境，变过去的被动学习为主动探求，大大激发学生学习兴趣，使理论教学与实践教学更加紧密地结合，强化工程能力提升。

1. 课程建设思路

（1）课程说明。

1）课程简介。"动力装置原理与设计方法"是船舶与海洋工程领域研究生的专业课。本课程共 36 学时，周课时 4 学时。本课程内容紧密结合实践，注重培养学生的综合判断能力，引导学生利用已有的专业知识，进一步掌握船舶各动力设备的工作原理和基本理论。

2）学情介绍。学生前期已学习轮机工程基础、船舶与海洋工程基础、船舶电气系统与设备等相关课程，对船舶有了一定的了解和熟悉，基本掌握了船舶的基础知识和基本原理，为学习本门课程打下了基础。但本课程课时比较紧张，有些问题无法充分展开，要求学生课外去阅读相关材料并开展学习讨论，以达到更好的学习效果。

3）课程考核办法。本课程考核成绩由平时成绩、作业和课程报告组成。期末总成绩包括平时成绩 20 分（考勤和讨论）、作业 60 分、课程汇报 20 分。

（2）建设目标。本课程的教学目的是使学生具有一定的从事船舶动力装置设计、制造、研究和管理的高级人才必须具备的基本知识与能力。具有如下基本技能：

1）运用主推进装置原理知识，完成实船动力选型和设计。

2）熟悉轴系各主要设备、船舶传动设备的构造，并能根据使用要求，正确选用船舶轴系和初步设计传动设备。

3）了解各种管路的布置设计原则和设计方法，读懂各管路系统原理图，初步完成重要管路系统的设计。

4）熟悉船机桨配合特性，初步学会船机桨匹配设计。

5）掌握电力推进及喷水推进的工作原理及设计方法，针对给定的船型完成喷水推进系统的设计.

6）熟悉全船电力系统，完成船舶供电与供热装置设计。

（3）课程建设要求。

1）案例设计目的明确。现代船舶动力系统形式众多，课程建设充分考虑到各动力系统的异同，有针对性地设计案例。

2）项目涵盖面要广，从多个环节设计案例。项目建设设计主推进装置设计、轴系结构原理及设计与振动校核、船舶传动设备原理及设计、船舶管路系统工作原理、船机桨配合特性及其匹配设计、电力推进及喷水推进的工作原理及设计方法、船舶供电与供热装置设计等七个研究专题的案例教学。

3）案例要求真实，来自实际工程。依托产学研合作，所有案例均来自船舶设计与制造类企业。同时，校企双方互派人员，增加教师、工程师间的沟通学习，为案例的真实性提供支持。

2. "动力装置原理与设计方法"课程教学设计

（1）课程任务。学生通过本课程的学习，应该系统掌握船舶各动力设备的工作原理、主要性能、组成部分和典型实例，并具备一定的管理知识与操作技能。通过本课程的学习，按照主推进装置设计、轴系结构原理及设计与振动校核、船舶传动设备原理及设计、船舶管路系统工作原理、船机桨配合特性及其匹配设计、电力推进及喷水推进的工作原理及设计方法、船舶供电与供热装置设计等七个研究专题的案例教学，对动力装置原理与设计方法等有较为系统的认识，能正确认识船舶工程对社会发展的影响，掌握基本的创新方法，具有追求创新的态度和意识，具备独立学习的能力，从而为今后从事船舶设计与生产打下较扎实的基础。

（2）课程建设方案。

1）动力装置原理与设计方法教学过程设计。

①明确每个任务的教学目标。结构上保证课程任务中的七个研究专题，通过每个研究专题的教学，说明每个任务要求达到的教学目的，以及学生应该达到的能力要求。

②教学过程设计。包括设计的每个任务的课前计划、课中计划和课后计划。课前计划主要指学生在学习某个案例前应该掌握的知识或相关资料，教师对此任务的重点与难点的把握等；课中计划指课堂教学中，通过多种方式引导学生进行思考，最终掌握知识，实现解决问题的目的；课后计划主要指学生通过分析报告等形式给出具体的解决方案。

③设计启发思考题。围绕该案例的教学目标，通过一系列渐进的启发思考题的设计，引导与启发学生找准案例分析的切入点。

④提供分析路径与逻辑。案例有提示学生思考的方向、可用的理论或工具、分析的逻辑路径等内容，使学生能运用所学知识对案例进行剖析，最终实现解决问题的目的。

⑤设计教学考核方式。设计适合于案例教学特点的学业成绩考核办法。

2）动力装置原理与设计方法案例库的运用。案例库适用于动力装置原理与设计方法专业学位课程及船舶与海洋工程专业研究生，教学方法与手段的创新包括运用网络资料、音响材料，引导性讲授，案例、文献的阅读及课堂研讨，研究设计交流等。根据教学目标与教学内容，也可用于轮机工程等专业研究生的课程教学或作为重要的参考资料。

3）动力装置原理与设计方法案例库的维护。案例库的维护主要包括案例的修改和更新。案例的修改主要在于随着时间的推移，案例取得了新的发展或产生了新的变化，需要对标题、背景介绍、主要内容、教学目标、教学方式方法、思考题或评价等相关内容进行修正，保证案例的时效性。案例的更新在于及时了解案例库中相关主题的发展与变化情况，如同类事件的典型性发现了变化，或在实践中出现新的问题，或课程专题的拓展对新的案例产生了需求，每隔一学期需要补充一定数量新案例入库，剔除价值不大的老案例，以体现案例的新鲜度和时效性。

动力装置原理与设计方法课程教学过程设计如图 6-7 所示，课程设计方案见表 6-10。

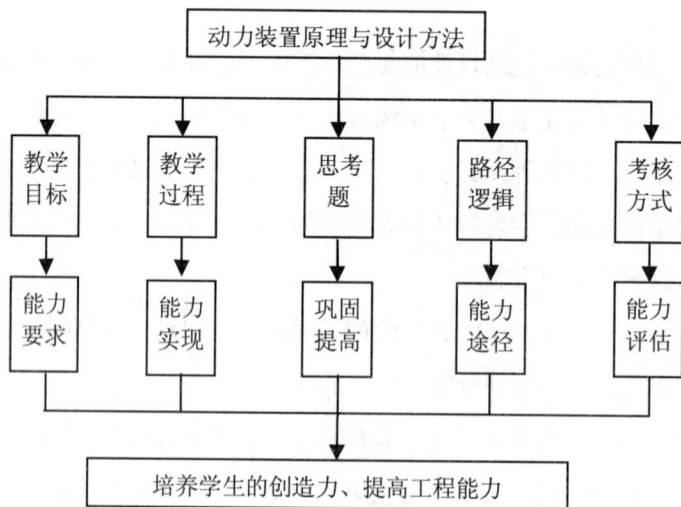

图 6-7 动力装置原理与设计方法教学过程设计

表 6-10 动力装置原理与设计方法课程设计方案

授课顺序	教学内容	课时	授课方式	课程活动
1	任务一：主推进装置设计	6	互动式教学案例式教学	课前给定案例，通过微视频、课件、教材、在线讨论等形式掌握相关的知识，课上引导学生找准案例分析的切入点，进行启发式思考；课后通过分析报告等形式给出具体的解决方案，并完成相应的设计
2	任务二：轴系结构原理及设计与振动校核	6	互动式教学案例式教学	课前给定案例，通过微视频、课件、教材、在线讨论等形式掌握相关的知识，课上引导学生找准案例分析的切入点，进行启发式思考；课后通过分析报告等形式给出具体的解决方案，并完成相应的设计
3	任务三：船舶传动设备原理及设计	4	互动式教学案例式教学	课前给定案例，通过微视频、课件、教材、在线讨论等形式掌握相关的知识，课上引导学生找准案例分析的切入点，进行启发式思考；课后通过分析报告等形式给出具体的解决方案，并完成相应的设计
4	任务四：船舶管路系统工作原理及设计	4	互动式教学案例式教学	课前给定案例，通过微视频、课件、教材、在线讨论等形式掌握相关的知识，课上引导学生找准案例分析的切入点，进行启发式思考；课后通过分析报告等形式给出具体的解决方案，并完成相应的设计
5	任务五：船机桨配合特性及其匹配设计	6	互动式教学案例式教学	课前给定案例，通过微视频、课件、教材、在线讨论等形式掌握相关的知识，课上引导学生找准案例分析的切入点，进行启发式思考；课后通过分析报告等形式给出具体的解决方案，并完成相应的设计
6	任务六：电力推进及喷水推进的工作原理及设计方法	6	互动式教学案例式教学	课前给定案例，通过微视频、课件、教材、在线讨论等形式掌握相关的知识，课上引导学生找准案例分析的切入点，进行启发式思考；课后通过分析报告等形式给出具体的解决方案，并完成相应的设计
7	任务七：船舶供电与供热装置设计	4	互动式教学案例式教学	课前给定案例，通过微视频、课件、教材、在线讨论等形式掌握相关的知识，课上引导学生找准案例分析的切入点，进行启发式思考；课后通过分析报告等形式给出具体的解决方案，并完成相应的设计

（3）课程资源。

1）参考教材：

徐筱欣．船舶动力装置[M]．上海：上海交通大学出版社，2005．

张乐天．民用船舶动力装置[M]．北京：人民交通出版社，1985．

朱树文．船舶动力装置原理与设计[M]．北京：国防工业出版社，1980．

中国船级社．钢质海船入级与建造规范[M]．北京：人民交通出版社，2006．

李楷．船舶与海洋工程动力系统[M]．北京：科学出版社，2017．

2）案例库资源。本课程的案例主要源于专业长期的实习实训基地中集来福士海洋工程有限公司和山东航宇船业集团股份有限公司，具有典型性和实用性。

3. "动力装置原理与设计方法"课程教学案例和考核

"动力装置原理与设计方法"课程根据七个任务，建设相对应的研究专题的案例教学，每个研究专题约 4～5 个案例，共 31 个案例，见表 6-11。案例的选择搭配要全面，类型搭配合理，原创性、本土性案例不少于 30%，且要有一定比例的专业综合性案例。

表 6-11　动力装置原理与设计方法案例库

序号	单元模块	案例数量
1	主推进装置设计	5
2	轴系结构原理及设计与振动校核	4
3	船舶传动设备原理及设计	4
4	船舶管路系统工作原理及设计	4
5	船机桨配合特性及其匹配设计	5
6	电力推进及喷水推进的工作原理及设计方法	5
7	船舶供电与供热装置设计	4

（1）案例教学设计方案。以课程教学模块"任务四：船舶管路系统工作原理及设计"为例，对案例教学进行设计，设计方案见表 6-12。

表 6-12 "任务四：船舶管路系统工作原理及设计"案例教学设计方案

课程任务	知识点	教学目标	教学活动		
			案例	讨论	课后作业
任务四：船舶管路系统工作原理及设计	燃油系统	学生能够掌握燃油系统的组成、作用及布置注意事项；分析给定案例，找出燃油系统布置不足之处，给出解决方案；针对某一船型能够设计燃油系统	63 米集散两用船燃油系统布置图	1. 燃油系统的组成、作用及布置注意事项 2. 找出燃油系统布置不足之处	1. 给出 63 米集散两用船燃油系统解决方案 2. 设计 32 米内河散货船燃油系统
	润滑系统	学生能够掌握润滑系统的组成、作用及布置注意事项；分析给定案例，找出润滑系统布置不足之处，给出解决方案；针对某一船型能够设计润滑系统	63 米集散两用船润滑系统布置图	1. 润滑系统的组成、作用及布置注意事项 2. 找出润滑系统布置不足之处	1. 给出 63 米集散两用船润滑系统解决方案 2. 设计 32 米内河散货船润滑系统
	冷却系统	学生能够掌握冷却系统的组成、作用及布置注意事项；分析给定案例，找出冷却系统布置不足之处，给出解决方案；针对某一船型能够设计冷却系统	63 米集散两用船冷却系统布置图	1. 冷却系统的组成、作用及布置注意事项 2. 找出冷却系统布置不足之处	1. 给出 63 米集散两用船冷却系统解决方案 2. 设计 32 米内河散货船冷却系统
	压缩空气系统	通过案例教学，学生能够掌握压缩空气系统的组成、作用及布置注意事项；分析给定案例，找出压缩空气系统布置不足之处，给出解决方案；针对某一船型能够设计压缩空气系统	63 米集散两用船压缩空气系统布置图	1. 压缩空气系统的组成、作用及布置注意事项 2. 找出压缩空气系统布置不足之处	1. 给出 63 米集散两用船压缩空气系统解决方案 2. 设计 32 米内河散货船压缩空气系统

（2）内容考核。对于"动力装置原理与设计方法"七个任务，设定预期学习成果及达成途径，其具体内容见表 6-13。

表 6-13　动力装置原理与设计方法任务考核表

任务	内容名称	预期学习成果	达成途径
一	主推进装置设计	对于案例给出具体的解决方案，并针对某一船型进行主动力装置选型设计	通过积极、广泛、准确地收集、整理资料，正确理解分析案例知识；综合运用本课程和本专业的知识技能，独立完成全部设计任务
二	轴系结构原理及设计与振动校核	对于案例给出具体的解决方案，并针对某一船型进行轴系设计	通过积极、广泛、准确地收集、整理资料，正确理解分析案例知识；综合运用本课程和本专业的知识技能，独立完成全部设计任务
三	船舶传动设备原理及设计	对于案例给出具体的解决方案，并针对某一船型进行传动设备设计	通过积极、广泛、准确地收集、整理资料，正确理解分析案例知识；综合运用本课程和本专业的知识技能，独立完成全部设计任务
四	船舶管路系统工作原理及设计	对于案例给出具体的解决方案，并针对某一船型进行冷却系统设计	通过积极、广泛、准确地收集、整理资料，正确理解分析案例知识；综合运用本课程和本专业的知识技能，独立完成全部设计任务
五	船机桨配合特性及其匹配设计	对于案例给出具体的解决方案，并针对某一船型进行船机桨匹配设计	通过积极、广泛、准确地收集、整理资料，正确理解分析案例知识；综合运用本课程和本专业的知识技能，独立完成全部设计任务
六	电力推进及喷水推进的工作原理及设计方法	对于案例给出具体的解决方案，并针对某一船型进行喷水推进系统设计	通过积极、广泛、准确地收集、整理资料，正确理解分析案例知识；综合运用本课程和本专业的知识技能，独立完成全部设计任务
七	船舶供电与供热装置设计	对于案例给出具体的解决方案，并针对某一船型进行供电与供热装置设计	通过积极、广泛、准确地收集、整理资料，正确理解分析案例知识；综合运用本课程和本专业的知识技能，独立完成全部设计任务

第 6 节 "计算流体力学"课程建设

计算流体力学是流体力学学科的一个分支，也是流体力学的一种研究方法。流体力学的研究，既对整个科学的发展起推动作用，又在众多国计民生工程中起着不可或缺的作用。计算流体力学既有基础学科的性质，又有很强的应用性，是工程科学或技术科学的重要组成部分，是工程能力提升培养模式课程体系中不可缺少的一个组成部分。

1. "计算流体力学"的课程介绍

计算流体力学是应航空航天技术的需求而发展起来的。由于要求用流体力学的理论来改进飞机的设计，各种与此相关的数值算法层出不穷。随着计算机硬件技术的飞速发展，能够进行千万亿次数据处理，涌现出了一批优秀的计算流体力学软件。

计算流体力学软件一般包括三个主要部分：前处理器（建模、网格生成等），解算器（具体的数值运算）和后处理器（运算结果的具体演示）。常见的 CFD 软件有：FLUENT、PHOENICS、CFX、STAR-CD、FIDAP 等。

以 FLUENT 为例，它可计算从不可压缩（低亚音速）到轻度可压缩（跨音速）直达高度可压缩（超音速）流体的复杂流动问题。FLUENT 本身所带的物理模型可以准确地预测层流、过渡流和湍流等多种方式的传热和传质，化学反应，以及多相流和其他复杂现象。它可以灵活地产生非结构网格，以适应复杂结构，并且能根据初步计算结果调速网格。前处理软件 Gambit 提供了多方位的几何输入接口。计算采用有限容积法。通过图形后处理软件，可以得到二维和三维图象，包括速度矢量图、等值线图（流线图、等压线图）、等值面图（等温面和等马赫面图）、流动轨迹图，并具有积分功能，可以求得力和流量等。

2. "计算流体力学"课程实施方案

（1）课程性质。船舶计算流体力学是针对船舶海洋工程等专业的研究生开设的一门专业选修课，是采用现代数值计算的方法求解各类流体力学基本方程或方程组的一门实用性很强、应用面很广的科学学科。需要并且依赖于现代计算机的软件与硬件环境，给出各类物体绕流问题的流场分布及特性，大大地缩短新型产品的研制周期，减少实验次数，降低研制成本。

（2）课程任务。了解计算流体力学的计算原理及过程。基于 FLUENT 和 Gambit 软件，首先介绍船舶流体力学基本理论知识、FLUENT 软件应用基础以及前处理软件 Gambit 网格划分基础，然后通过典型的实例来讲解 FLUENT 软件在船舶流体力学、阻力、推进等实际工程中的应用方法和技巧，包括二维和三维流动、运动部件的速度场模拟、UDF 的使用、计算区域的绘制以及边界条件的定义、后处理等。通过练习可以逐步掌握 FLUENT 软件在船舶流体运动领域中进行数值模拟的基本方法。

（3）学分与学时。

学分：2 学分。

学时：36 学时。

（4）课程主要教学内容。

1）船舶计算流体力学基础。

2）前处理软件——Gambit 网格划分基础。

3）FLUENT 应用基础。

4）FLUENT 后处理。

5）工程应用实例——圆柱绕流数值模拟。

6）工程应用实例——二维机翼绕流数值模拟。

7）工程应用实例——敞水舵绕流数值模拟。

（5）基本要求及重点、难点说明。

1）基本要求。要求学生掌握计算流体力学基本原理及过程，即网格生成技术、FLUENT 求解器、FLUENT 后处理，以及计算结果的分析及处理方法等内容。能够熟练应用 FLUENT 软件解决船舶与海洋工程流体力学计算遇到的问题。

2）重点、难点：

重点：计算流体力学的基本原理及应用 Gambit 和 FLUENT 软件对各种基本

流体力学计算问题的分析。

难点：计算流体力学中所涉及的多种湍流模型选择，以及网格划分、边界条件的确定等。

（6）学时分配表。

学时分配见表 6-14。

表 6-14　学时分配

章节	内容名称	学时	各环节教学时数分配		
			讲授	实验	上机
1	船舶计算流体力学基础	6	2	4	
2	前处理软件——Gambit 网格划分基础	4	2		2
3	FLUENT 应用基础	6	2		4
4	FLUENT 后处理	4	1		3
5	工程应用实例——圆柱绕流数值模拟	8	2		6
6	工程应用实例——二维机翼绕流数值模拟	2	2		
7	工程应用实例——敞水舵绕流数值模拟	4	1		3
8	考试	2			
合计		36	12	4	18

（7）教学资源。

1）教材选用：

常欣. FLUENT 船舶流体力学仿真计算工程应用基础[M]. 哈尔滨：哈尔滨工程大学出版社，2011.

2）参考书目：

约翰 D.安德森. 计算流体力学基础及应用[M]. 吴颂平，刘赵淼，译. 北京：机械工业出版社，2003.

张德良. 计算流体力学教程[M]. 北京：高等教育出版社，2010.

高歌，闫文辉. 计算流体力学-典型算法与算例[M]. 北京：机械工业出版社，2011.

3）案例库资源：建设有"计算流体力学案例库"，共计 5 个案例供学生自主学习。

4）"虚拟+现实"的实验室资源：建有"流体力学实验室"，共计设备 28 台；建有"流体力学虚拟实验室"，可以通过互联网进行 10 余项实验。

（8）考试要求。本课程要求理论与实践并重，凡是涉及软件学习的部分，都安排一定量的上机时间课程。

本课程考核采用期末考试（课程设计/专业论文）和平时作业考核相结合的方式。期末考试占总成绩的 70%，平时成绩占 30%。

平时作业考核注重学生对计算流体力学基本概念的理解，重点是对常见湍流模型的理解，另外，对计算流体力学软件 FLUENT 的基本分析步骤有所侧重。期末考试着重考核学生应用 FLUENT 软件具体求解船舶与海洋工程具体问题的能力。期末考核形式有两种，一是由老师提供具体结构形式，学生按照要求完成计算任务；二是由学生自行选择题目，完成一篇反映计算流体力学在船舶与海洋工程应用的小论文，要求论文结构完整，内容条理，且字数不少于 3000 字。

3. "计算流体力学"课程改革

按照流体力学的三种研究方法，设计计算流体力学的教学内容，从理论分析、实验研究、数值模拟三个方面展开教学。具体改革举措如下。

（1）以研究方法，确定教学方法。流体力学发展历经了几个世纪的演变，从 17 世纪发展起来的实验流体力学，到 18—19 世纪发展起来的理论流体力学，再到 20 世纪后随着计算机技术的发展而发展起来的计算流体力学，使得流体力学学科现如今形成实验方法、理论解析和计算流体力学方法三足鼎立的局面。

按照研究方法的分类，确定了课程的教学方法：理论部分采用讲授+讨论的方法；实验部分采用虚拟+现实的方法；计算流体力学部分采用上机实操的方法。

（2）以历史名人为线索，开展理论学习。计算流体力学的学习，离不开流体力学的相关理论知识储备。由于部分专业学位研究生在本科阶段没有开设流体力学课程，而研究生课时较少，不能用大量的时间讲授基础理论，山东交通学院以历史名人为线索，学生课下自学为主，教师课堂讲授为辅，开展理论学习的教学方法。流体力学的历史名人线索见表6-15。

表6-15　流体力学的历史名人线索

序号	时间	人物	流体力学相关理论
1	公元前1920年	大禹	大禹治水，说明我国古代已有大规模的治河工程
2	公元前256年	李冰	建设都江堰，掌握明槽水流和堰流流动规律
3	公元前250年	阿基米德	阐明了相对密度的概念，发现了物体在流体中所受浮力的基本原理——阿基米德原理
4	1564—1642	伽利略	在流体静力学中应用了虚位移原理
5	1608—1647	托里拆利	论证了孔口出流的基本规律
6	1623—1662	帕斯卡	提出了密闭流体能传递压强的原理——帕斯卡原理
7	1642—1727	牛顿	建立了流体内摩擦定律，为黏性流体力学初步奠定了理论基础，并讨论了波浪运动等问题
8	1700—1782	伯努利	出版的名著《流体动力学》中，建立了流体位势能、压强势能和动能之间的能量转换关系——伯努利方程
9	1707—1783	欧拉	提出了流体的连续介质模型，建立了连续性微分方程和理想流体的运动微分方程
10	1717—1783	达朗伯	提出了达朗伯疑题（又称达朗伯佯谬），即在理想流体中运动的物体既没有升力也没有阻力
11	1736—1813	拉格朗日	提出了新的流体动力学微分方程，使流体动力学的解析方法有了进一步发展
12	1810—1879	弗劳德	提出了船模试验的相似准则数——弗劳德数
13	1785—1836	纳维	提出了不可压缩黏性流体的运动微分方程组
14	1842—1912	雷诺	用实验证实了黏性流体的两种流动状态——层流和紊流的客观存在
15	1875—1953	普朗特	建立了边界层理论，解释了阻力产生的机制
16	1881—1963	卡门	提出了分析带漩涡尾流及其所产生的阻力的理论，人们称这种尾涡的排列为卡门涡街
17	1911—2009	钱学森	提出了平板可压缩层流边界层的解法——卡门—钱学森解法
18	1902—1993	周培源	均匀各向同性湍流的涡旋结构的统计理论

（3）以"虚拟+现实"为手段，开展实验实践。理论的学习离不开实践的验证，将虚拟实验室和真实实验室结合起来，开展实验教学环节，夯实学生理论基础。

1）流体力学实验室。计算流体力学课程依托流体力学实验室开展实验教学。实验室配备自循环电控变坡水槽 1 台、小型风洞 1 台、静水压强实验仪 3 台、自循环平面静水总压力实验仪 3 台、自循环能量方程实验仪 3 台、自循环动量方程实验仪 3 台、自循环具备阻力实验仪 3 台、自循环雷诺实验仪 3 台、自循环管道水力特性综合实验仪 2 台、自循环流动演示仪 6 台。流体力学实验室如图 6-8 所示。

图 6-8　流体力学实验室

2）虚拟实验室。为了让学生更好地理解流体力学的相关理论知识，随时随地开展实验，山东交通学院联合北京润尼尔网络科技公司，开发了流体力学虚拟实验室（图 6-9～图 6-12）。系统模拟实验提供与真实实验相似的实验环境、提供网上实验教学过程管理功能，包括典型实验库的维护、实验安排、提交实验报告、实验批改、成绩统计、实验答疑等功能模块。可以开展十余项实验，如雷诺实验、伯努利实验、动量定律实验、圆柱绕流实验、文丘里实验、高低温流体混合实验、毕托管标定实验、直管沿程阻力系数测定实验、直管局部损失阻力系数测定实验、风洞实验等。

图 6-9　流体力学虚拟实验室

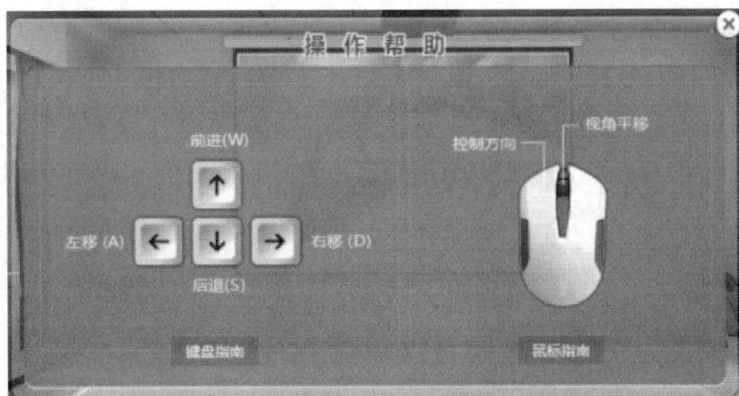

图 6-10　实验室操作帮助示意图

图 6-11　实验室设备图

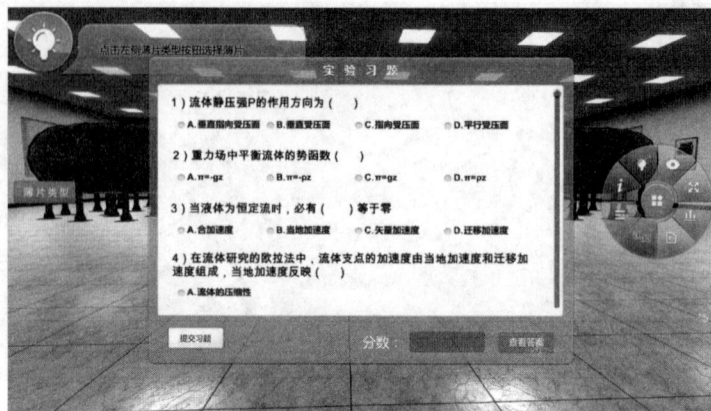

图 6-12　实验习题

（4）以工程能力为导向，开展案例教学。在工程能力提升方面，开展案例教学。共开设 5 个教学案例，所有案例均来自工程实践。学生可以根据难易程度、自身基础、导师要求、个人兴趣选择 2～3 个案例进行学习。通过案例的学习，学生可以更好地将理论应用于实践，提升工程实践能力，为未来论文撰写、工作、科研奠定基础。计算流体力学教学案例见表 6-16。

表 6-16　计算流体力学教学案例

序号	案例名称	工程背景
1	圆柱绕流数值模拟	圆柱绕流作为一种典型的钝体绕流，广泛存在于自然界与工程界中，如水流经过桥墩、海底管线、海洋立管、海洋钻井平台中
2	机翼绕流数值模拟	在飞机的各种飞行状态下，机翼是飞机承受升力的主要部件
3	敞水舵绕流数值模拟	舵是船舶操纵的重要设备，了解舵的相关性能，能够更好地进行船舶设计
4	螺旋桨敞水性能数值计算	螺旋桨是船舶推进的重要设备，螺旋桨的性能直接影响船舶的快速性
5	水面舰船阻力计算	舰船阻力包括空气阻力和水阻力。空气阻力只占水阻力的 2%～4%。水阻力包括两部分，一是突出于船体以外的舵、轴和舭龙骨等所受的附加阻力；二是船体本身所受的阻力即裸体阻力

（5）以"学术+工程"为目标，建设师资团队。学习计算流体力学课程既要求学生有扎实的理论功底，又要求学生将理论应用于实际工程中。因此，在组建师资团队时搭配了学术主讲教师，工程实践教师、课外辅导教师、实验指导教师。计算流体力学课程师资团队见表 6-17。

表 6-17　计算流体力学课程师资团队

序号	姓名	职称	学历层次	教师任务
1	孙洪源	副教授	博士	学术主讲：以课堂讲授为主，讲解流体力学、计算流体力学的各项理论知识
2	林海花	高级工程师	博士后	实践指导：以实践指导为主，带领学生应用流体力学的相关理论，解决实际问题
3	周佳	助教	硕士	课外辅导：以课下辅导为主，回答学生学习过程中遇到的各种难题
4	王凯	实验员	学士	实验指导：指导学生在现实实验室和虚拟实验室中开展各项实验

第 7 章　强化工程能力提升培养模式的成效与推广

经过逐次修订培养方案并在实践过程中不断优化，山东交通学院确定了校企共建、教学与实践并举的新型人才培养模式，应用于学校船舶与海洋工程领域研究生培养，取得了良好的效果；并通过与行业内相关单位合作，联合培养研究生。相关成果推广到哈尔滨工业大学（威海）、中集海洋工程研究院有限公司、山东山大华天科技集团服份有限公司等多家单位。先后培训教师和工程技术人员 500 余人，研究生受益人数为 100 余人。研究生通过在联合教育基地参与工程项目实践，提升自己的综合素质和工程能力，为以后的就业和深造奠定基础。

第 1 节　强化工程能力提升培养模式的校内应用成效

1. 助力山东省一流专业——船舶与海洋工程专业

船舶与海洋工程专业自 2006 年开始本科招生。2011 年获批船舶与海洋工程领域专业硕士研究生招生资格。2012 年获批山东省高校特色专业。2013 年获批山东省特色名校工程的 10 个山东交通学院重点建设专业之一。2014 年联合工业设计专业成立船舶与海洋工程学院、游艇邮轮工程学院。2016 年被评为山东高水平应用型重点建设专业群之一。2018 年获批教育服务新旧动能转换专业对接产业项目建设专业。2019 年被山东省教育厅评为山东省一流专业。

2. 深化校企合作机制，强化工程能力提升

2008 年被山东省国防科工业办公室授予"山东省船舶工业校企合作示范单位"。校企合作相关成绩如图 7-1 所示。2009 年被山东省政府列为省级船舶与海洋工程专业人才教育培养基地。2010 年被山东省经济和信息化委员会、山东省教育厅评为"山东省企校合作先进单位"。校企合作相关成绩如图 7-1 所示。

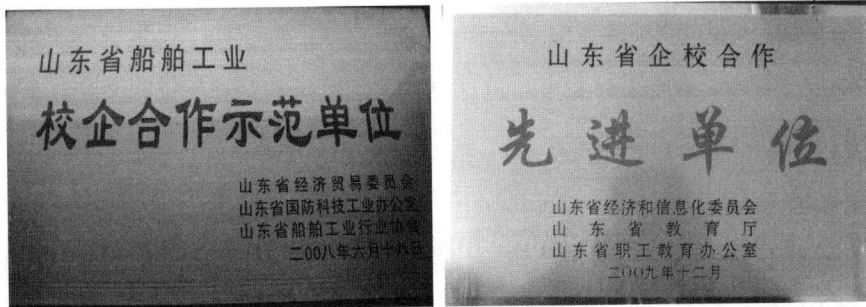

图 7-1 校企合作相关成绩

3. 第三方评价逐年提高

（1）艾瑞深中国校友会网评价。艾瑞深中国校友会网（cuaa.net）于 1989 年发布中国第一个综合大学排行榜，为中国最具影响力和公信力大学排行榜品牌之一。人民日报、CCTV、中国教育电视台、中国青年报等权威媒体报道，艾瑞深中国大学研究团队起源于 1989 年组建成立的"中国管理科学研究院高等院校比较研究课题组"，是目前中国持续开展大学评价、创新创业研究和发展战略咨询时间最长的研究团队。艾瑞深中国校友会网对山东省交通学院船舶与海洋工程专业评价结果如下。

1）2015 年、2016 年连续两年被评为四星专业，省内同专业最高，办学层次为中国高水平专业。

2）2018 年、2019 年连续两年被评为五星专业，省内同专业最高，办学层次为中国一流专业。2019 年艾瑞深中国校友会网专业排名如图 7-2 所示。

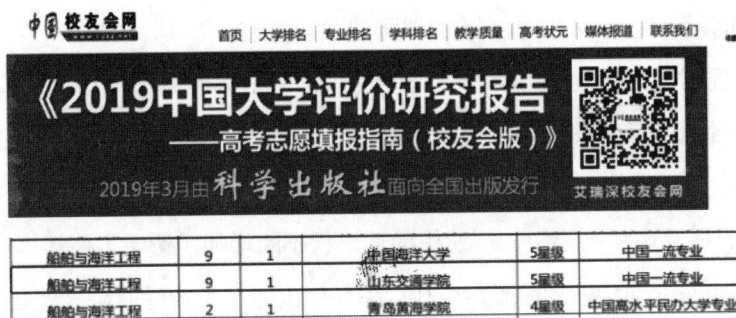

图 7-2 2019 年艾瑞深中国校友会网专业排名

（2）托麦可思数据有限公司——《山东交通学院应届毕业生培养质量评价报告》。山东交通学院委托麦可思数据有限公司对多届毕业生进行了培养质量调查，将与本专业相关的调查结果梳理如下。

1）就业质量。

① 毕业生就业率在 90% 以上。2016 届为 94%，2017 届为 96%，2018 届为 93%。

② 对自身就业现状满意度呈上升趋势。2015 届为 53%，2016 届为 57%，2017 届为 59%，2018 届为 71%。

③ 工作与专业相关度较高。2015 届为 36%，2016 届为 63%，2017 届为 30%，2018 届为 45%。

④ 就业稳定性有所上升。离职率 2015 届为 32%，2016 届为 19%。

⑤ 用人单位对毕业生聘用总体满意度为 99%；继续聘用意愿为 100%。

2）教学培养质量。

① 教学满意度较高，与全国非"211"本科基本持平。2015 届为 83%，2016 届为 87%，2017 届为 88%。

② 专业核心课程重要度和课程满足度较高，在 70% 以上。

（3）用人单位评价。通过走访本专业毕业生用人企业、发放企业问卷等形式，追踪毕业生的培养质量，评价结论如下。

1）本专业毕业生可以较好地与企业的实际需求契合，踏实肯干，基本功扎实，实践能力和创新能力较强，体现了应用型专业人才的培养成果。

2）加强专业新技术与新工艺的课程建设与传授。

3）加强学生的专业外语水平，适应企业涉外业务的需求。

4. 行业影响力不断提升

随着强化工程能力提升培养模式实践的深入，学校不断参与到行业企业的决策、运营、研究、生产当中，行业中的话语权不断增加，影响力逐年提高。

（1）山东交通学院副院长顾一中，担任中国船舶工业行业协会副会长、山东省船舶工业行业协会秘书长。

（2）船舶与轮机工程学院副院长于利民，担任山东省船舶工业行业协会副秘书长，山东省船舶高校联盟会长。

（3）船舶与海洋工程系主任宋磊，为中国造船工程学会第十届船舶力学委员会成员。

（4）船舶与海洋工程专业副教授孙洪源，为深圳粤港澳大湾区游艇标准专家委员会成员。

5. 教学成果丰硕

在强化工程能力提升培养模式的应用实践中，取得了省级教学成果奖 4 项、校级教学成果奖 1 项，申请并立项省部级教育研究及教学改革项目 7 项。教学成果奖见表 7-1，省部级教研教改项目见表 7-2。

表 7-1　教学成果奖

序号	时间	获奖项目名称	获奖类别	级别
1	2014 年 7 月	船舶与海洋工程省级特色专业应用型人才培养体系的构建与实践	省级教学成果	三等奖
2	2014 年 6 月	服务特殊需求职业能力导向工程硕士研究生培养体系建设研究与实践	省级教学成果	三等奖
3	2018 年 1 月	强化工程能力提升的硕士研究生创新应用型人才培养模式研究与实践	省级教学成果	一等奖
4	2018 年 1 月	面向国家战略需求，改革培养模式，有效提升航海类专业学生综合能力	省级教学成果	二等奖
5	2014 年 9 月	面向山东船舶工业发展提供人才支持的研究	校级教学成果奖	三等奖

表 7-2　省部级教研教改项目

序号	时间	级别	项目类别	项目名称
1	2014 年 6 月	省级	山东省研究生教育改革	服务特殊需求职业能力导向工程硕士研究生培养体系建设研究与实践
2	2015 年 4 月	省级	山东省研究生教育改革	船舶与海洋工程领域游艇邮轮工程方向硕士研究生"项目驱动式"培养模式研究

续表

序号	时间	级别	项目类别	项目名称
3	2015年7月	校级	研究生教育研究课题	山东省高校学生海洋意识现状与培养模式研究
4	2016年4月	省级	山东省研究生教育改革	基于"案例教学"的船舶与海洋工程领域硕士研究生培养模式研究
5	2017年4月	省级	山东省研究生教育质量提升计划建设项目	计算机辅助船舶与游艇设计制造案例库
6	2019年1月	省级	山东省研究生教育质量提升计划	强化工程应用、提升导师指导能力的专业学位研究生培养体系构建研究
7	2019年1月	省级	山东省研究生教育质量提升计划	船舶动力装置设计课程案例库建设

6. 科研能力提升显著

基于强化工程能力提升培养模式的应用实践，促进了团队科研能力的提升。共申请并获批纵向科研项目5项，合计金额87万元。发表教科研论文30余篇，专著、教材4部，专利及软件著作权20余项。纵向科研项目见表7-3。部分学术论文、专著、专利情况见表7-4。

表7-3　纵向科研项目

序号	项目名称	资助机构	金额/万元	结项情况	起止时间
1	碳纤维增强深V1245型高速执法艇的研制	山东省财政厅军民结合产业发展专项	40	结题	2012年6月—2014年6月
2	山东省休闲渔业与旅游业融合发展的分析与对策研究	山东省软科学办公室	2	结题	2015年7月—2016年6月
3	高性能低成本 Cf/SiC 陶瓷汽车刹车盘的研制	山东省科技厅	20	结题	2015年1月—2018年12月
4	职业技能鉴定国家题库试题资源开发和审定	山东省人力资源与社会保障厅	5	结题	2014年9月—2015年9月
5	舰船推进系统管系抗冲击性能设计及评估方法研究	山东省科学技术厅	20	在研	2018年1月—2019年12月

表 7-4　部分学术论文、专著、专利情况

序号	出版时间	类别	名称	期刊名称、出版单位或专利编号
1	2013 年 9 月	论文	Study on Safety Status and Improvement Measures of Ship Construction	Applied Mechanics and Materials
2	2014 年 1 月	论文	大型船艇废热再利用的研究	国际游艇
3	2017 年 12 月	论文	64000t 散货船组合节能装置节能效果分析	造船技术
4	2018 年 9 月	论文	基于 SINOVATION 的钓鱼艇上层建筑快速建模方法	山东交通学院学报
5	2015 年 7 月	专著	游艇邮轮学	华中科技大学出版社
6	2013 年 6 月	教材	机械制图（第二版）	中国水利水电出版社
7	2013 年 6 月	教材	机械制图习题集（第二版）	中国水利水电出版社
8	2014 年 6 月	教材	SolidWorks 2014 实用教程	中国水利水电出版社
9	2014 年 6 月	实用新型专利	一种安放 LNG 单燃料储气罐布局的船舶	Zl201420299934.5
10	2014 年 6 月	实用新型专利	一种 LNG 单燃料船舶燃气系统的保护装置	Zl201420299982.4
11	2014 年 6 月	发明专利	一种 LNG 单燃料船舶燃气系统的保护装置	Zl201410249516.X
12	2018 年 2 月	软件著作权	虚拟游艇模拟仿真驾驶软件 1.0	2018SR095964
13	2018 年 2 月	软件著作权	基于三角网格模型的船舶稳性计算软件 1.0	2018SR095959
14	2018 年 11 月	软件著作权	钓鱼艇上层建筑快速建模软件 1.0	2018SR906988
15	2019 年 3 月	软件著作权	三体游艇虚拟体验驾驶仿真软件 1.0	2019SR0288462

7. 学生实践成果丰富

（1）"山东交通学院船舶与海洋工程设计大赛"已成功举办 10 届，实现了与"中国大学生船舶与海洋工程设计大赛""全国海洋航行器设计与制作大赛"和

"全国游艇设计大赛"三项全国赛事的成功对接，如图 7-3 所示。

图 7-3 船舶与海洋工程专业学生参加全国竞赛

（2）2016 年作为主要发起高校，筹备了首届山东省大学生船舶与海洋工程创新设计大赛，如图 7-4 所示。

图 7-4　首届山东省大学生船舶与海洋工程创新设计大赛

（3）2017 年作为首个发起高校，成功举办第一届全国大学生船艇设计技能大赛，如图 7-5 所示。

图 7-5   第一届全国大学生船艇设计技能大赛

（4）学校在研究生培养中，切实提高了研究生的工程实践能力，取得了优秀成果。山东交通学院研究生获得的部分优秀成果见表 7-5。

表 7-5   山东交通学院研究生获得的部分优秀成果

序号	成果名称	时间	学生姓名	成果形式
1	青岛跨海大桥施工临时钢管桩基础承载力研究	2016	张起	全国第三届工程硕士实习实践优秀成果奖
2	基于三角网格模型的船舶稳性计算系统的开发	2017	刘彬	山东省研究生优秀实践成果奖二等奖
3	一种船舶废热利用的温差发电装置	2015	陈安文	山东省研究生优秀实践成果奖三等奖
4	船舶废气利用节能设计与模型制作	2012	王晓琴	中国大学生船舶与海洋工程设计大赛三等奖
5	Study on the parametric design of offshore platform outfittings based on Sinovation software	2015	张佳祺	EI 论文
6	American Welding Society 资格认证	2017	李忠鹏	资质证书

序号	成果名称	时间	学生姓名	成果形式
7	一种半潜式溢油回收船	2015	侯甲彬	实用新型专利
8	虚拟游艇模拟驾驶仿真软件开发	2018	李超	软件著作权
9	基于三角网格模型的船舶稳性计算软件开发	2018	刘彬	软件著作权

第 2 节　强化工程能力提升培养模式的校外推广应用

1. 以行业协会为平台，对外推广成果

通过与中国船舶工业行业协会、中国造船协会、中国游艇金融合作联盟等行业协会主办、承办相关会议，扩大了学校船舶与海洋工程的行业影响力，有力地推动了强化工程能力提升培养模式的校外推广及应用。

（1）中国船舶工业行业协会。中国船舶工业行业协会是由船舶制造与修理、船舶配套设备制造企业和科研设计院所，与船舶行业相关联的高等（专业）院校和企、事业单位以及符合条件的同业经济组织，按平等自愿的原则组成的、非营利性的全国性船舶工业行业组织。

2013 年 9 月 13 日至 14 日，由山东交通学院和中国船舶工业行业协会船艇分会联合主办的 2013 中国游艇产业发展与人才培养论坛暨山东省滨水资源开发及市场需求介绍会在学校顺利举行。工信部、省国防科工办、中国船舶工业行业协会和济宁市微山县的有关领导出席了会议。全国 20 余家主要游艇企业和俱乐部的负责人，以及校教务处、学科与研究生处、机械工程学院、信息科学与电气工程学院、外国语学院的负责人和部分师生代表参加了会议，如图 7-6 所示。

会上，副院长顾一中代表学校致欢迎词，介绍了学校的基本情况和在游艇人才培养方面开展的工作。与会领导、专家就相关议题展开了积极的讨论与交流，分析了游艇产业发展中存在的问题，展望了游艇产业发展的趋势和前景。

图 7-6　承办首届全国"游艇产业发展与人才培养论坛"

　　会议期间，上海红双喜游艇有限公司等三家单位向学校赠送了游艇模型。中国船舶工业行业协会船艇分会授予学校"中国游艇培训中心"和"中国游艇专业人才培养教学基地"的牌匾。

　　山东交通学院在国内率先开展了游艇设计与制造方向本科生和研究生的培养，在业界产生了积极、广泛的影响。本次论坛的举办为游艇产业业界人士、专家学者搭建了一个进行交流学术、分享有益经验、探索游艇产业发展、探讨游艇人才培养的平台，扩大了学校的影响力，为深入开展应用型人才培养改革积累了丰富的经验。

　　（2）中国造船工程学会。中国造船工程学会成立于 1943 年，是依法登记的全国船舶与海洋工程科技工作者自愿组成的公益性、学术性法人社会团体，是发展我国船舶与海洋工程科技事业的重要社会力量，是中国最早成立的学术团体之一。

　　2014 年 9 月 19 日，山东交通学院与中国造船工程学会联合主办船舶与海洋工程技术推动与人才培养论坛。中国造船工程学会副秘书长金向军，中国造船工程学会首席专家陈迎秋教授，山东交通学院院长鹿林、副院长顾一中出席论坛，如图 7-7 所示。

图 7-7　承办首届全国"船舶与海洋工程技术推动与人才培养论坛"

上午 9 时，金向军宣布论坛开幕。鹿林热情致辞，介绍了学校"立足交通、突出特色，强化素能"的办学理念以及路、海、空、轨交通专业人才的培养目标。论坛交流中，顾一中做了题为《中国游艇邮轮经济急需高校人才培养改革》的主题报告，介绍了山东省游艇邮轮产业发展的巨大潜力及学校率先在全国开设游艇邮轮工程专业硕士培养方向所取得的成果。陈迎秋做了题为《中国船舶工业的发展方向》的主题报告。

本次论坛旨在加强业内相关研究院所、企业单位、院校之间的交流合作，推动船舶与海洋工程人才培养的改革与工程技术的创新，有效提升了学校船舶与海洋工程专业在业内的知名度。

（3）中国游艇金融合作联盟。中国游艇金融合作联盟成立于 2015 年，来自辽宁、山东、江苏、浙江、福建、广东、广西、海南、重庆、上海、香港、澳门、台湾地区以及温哥华、迈阿密的游艇界和中国内地、香港金融界代表，共同发表了《中国游艇与金融合作前海宣言》，倡议发起"中国游艇金融合作联盟"。致力于产融结合，优化金融配制，细分游艇金融业务市场，拓展和深化全方位的业务合作。

2017 年 12 月 9 日，由中国游艇金融合作联盟主办，学校承办的第一届全国大学生船艇设计技能大赛在威海校区成功举办。中国船舶工业行业协会副会长、山东省船舶工业行业协会秘书长、山东省教育信息化专家委员会副主任顾一中，学校副院长姜华平，威海市科学技术局副局长杨芳，哈尔滨工业大学船舶与海洋工程学院副院长桂洪斌出席大赛开幕式和颁奖仪式。姜华平主持开幕式并致欢迎词，威海校区党委副书记程伟渊主持闭幕式。

本届大赛共设"航宇"游艇创新设计大奖赛、"东欣"技能竞赛、教师微课教学比赛三个赛项。大赛围绕"创新·设计·应用"主题，旨在提升船舶设计与制造专业人才素质和质量，提高船舶与海洋工程专业的教学质量，来自重庆交通大学等全国 14 所高校的 39 个团队、158 名学生和 58 名教师报名参加了本届大赛，如图 7-8 所示。

图 7-8   承办首届全国大学生船艇设计技能大赛

2. 以高校联盟为平台，对外推广成果

2014 年，山东交通学院成为山东省船舶工业行业协会秘书长单位，并牵头召集省内船舶专业高校，成立了山东省船舶与海洋工程高校联盟暨山东省船舶行业产学研创新分会，作为成果的推广平台，如图 7-9 所示。

图 7-9　山东省船舶与海洋工程高校联盟成立

（1）高校联盟简介。山东省船舶与海洋工程高校联盟是在山东省船舶工业行业协会领导下由山东省船舶与海洋工程相关专业的科研院校自愿组成的行业组织。高校联盟遵守中华人民共和国法律法规，作为山东省船舶与海洋工程学术交流平台，可提升山东省船舶与海洋工程专业的人才培养水平，发挥高校优势，更好地服务于山东省的船舶与海洋工程产业，做到产学研深度融合，加快山东省船舶与海洋工程产业发展，为山东省的船舶与海洋工程产业做出更大的贡献。

目前联盟有 12 所高校，在职教师 100 余人，拥有教授、硕士生导师、博士学位的老师 30 余人，副教授、硕士学位老师 40 余人，船舶相关专业在校硕士生 50 人，本、专科在校生约 3200 人。

（2）成员单位。山东交通学院船舶与海洋工程学院、哈尔滨工业大学（威海分校）船舶学院、威海职业学院船舶系、西安交通大学青岛研究所、鲁东大学交通学院船舶与海洋工程系、鲁东大学蔚山船舶与海洋学院、烟台职业学院船舶系、威海海洋职业学院、青岛科技大学船舶系、青岛黄海学院交通与船舶学院、中国海洋大学、青岛远洋船员职业学院船舶与海洋工程系。

（3）主要职能。

1）学术交流：该分会每两年举办一次山东省船舶与海洋工程学术交流会议，提升行业科研学术水平。

2）学生大赛：与企业合作开展相关专业技能大赛，提升人才培养质量，促进学生就业。

3）专业建设：每年召开一次专业建设与人才培养研讨会，探讨专业建设和人才培养方案。

4）社会服务：发挥高校优势、根据企业需求，开展企业在职员工学历、技能培训，新员工的入职培训、召开招聘会为企业提供人才，与企业联合申报科研项目。

5）针对在校学生开展专业培训。协助企业参与到在校生的培养中，为在校生提供见习和顶岗实习等。

6）协调、沟通分会与各地区、各企业之间的横向联系，促进分会和相关行业的共同发展。

（4）推广应用效果。与哈尔滨工业大学（威海）的合作推广，使山东交通学院船舶与海洋工程硕士研究生综合素质和实际操作能力均有很大提升，促进了就业。将黄海学院作为研究生生源基地，成果的部分内容在该校进行推广实践，学生的应用能力获得极大提升。同时工程能力提升的培养模式受到了高等职业院校的认可与借鉴，烟台职业学院、威海海洋职业学院先后招聘我校 5 名硕士毕业生，将成果进一步在职业教育中推广。

3. 以会展为平台，对外推广成果

2013 年至 2017 年连续 5 年参加上海游艇展，中国（青岛）国际海洋科技展览会，中国（湛江）海洋经济博览会，大连国际海事展览会，中国（威海）国际船艇、房车暨钓具用品展，对外展现成果风采。

（1）大连国际海事展览会。大连国际海事展览会前身为从 1992 年开始举办的大连国际海事技术交流与展览会，到 1998 年正式命名中国大连国际海事展览会，并确定每两年举办一次，是在中国举办的最大规模海事展览会。

2018 年 10 月 24 日,学校参加大连国际海事展览会,共展出了八项成果。其中,教师科研项目四项,分别为降解海上石油污染的"复合微生物导弹"研究、海洋溢油的复合微生物降解及其作用机制研究、船舶与海洋工程设计评估与作业培训系统研发、振动与爆炸冲击科研项目;学生科研作品四项,分别为海难存油船舶潜水抽油设备、降解船舶溢油残油的"复合微生物导弹"、基于移动端的海洋工程协同制造信息平台、一种船舶新型机桨一体化装置。展会期间,观众对学校展品产生浓厚的兴趣,积极与学校参展教师进行技术交流,如图 7-10 所示。

图 7-10　参展大连国际海事展览会

(2)上海国际游艇展。上海国际游艇展成立于 1996 年,是中国唯一成为 IFBSO 国际游艇联盟铂金会员的游艇展,是亚洲规模最大、历史最久、参展品类最全、品牌最多的综合性游艇展,是唯一一家在中国举办的得到海外政府协会支持并且拥有海外国家展团参与的游艇展。

(3)中国(青岛)国际海洋科技展览会。中国(青岛)国际海洋科技展览会,简称"OST",以"科技经略海洋,创新引领未来"为主题,按照"高端化、专业化、国际化"的原则,突出"科技引领、成果展示、技术交易"特色,重点展示海洋工程装备、海洋新能源、海洋新材料、海洋生物科技、海水淡化、海洋科技中介与金融服务、海洋科普等七大板块的科技成果及发展趋势。中国（青岛）国际海洋科技展览会作为科研机构、院校和企业搭建展示、交流、推广、交易的平台，推动了海洋科技成果转化，促进了海洋经济发展。

山东交通学院于 2017 年 9 月 12 日，参加中国（青岛）国际海洋科技展览会，展出了虚拟游艇驾驶系统、游艇三维造型等多项成果，如图 7-11 所示。

图 7-11　参展中国（青岛）国际海洋科技展览会

（4）中国（湛江）海洋经济博览会。中国海洋经济博览会是服务建设 21 世纪海上丝绸之路和海洋强国，服务我国实施创新驱动、军民融合、区域协调发展等国家战略，搭建的国际化的海洋经济交流合作高端平台，是中国唯一的国家级综合性海洋博览会、国际性经贸展会，被誉为"中国海洋第一展"。

山东交通学院于 2018 年 11 月 22 日参展中国（湛江）海洋经济博览会，展出了教师成果 3 项，学生成果 5 项，如图 7-12 所示。

图 7-12　参展中国（湛江）海洋经济博览会

（5）中国（威海）国际船艇、房车暨钓具用品展。2019 年 5 月 11 日，山东交通学院参展中国（威海）国际船艇、房车暨钓具用品展览会。我国参展企业来自山东、安徽、福建、广东、北京、上海等 14 个省、自治区和直辖市，以及香港特别行政区，其中香港特别行政区 1 家，威海参展企业 176 家。另有英国 1 家，日本 1 家，韩国 1 家。该展览会首次糅合船艇、房车、户外、露营等时下最流行的生活方式元素，并配套举办充气城堡、钓金鱼、DIY 路亚饵、钓鱼模拟器等嘉年华活动。现场照片如图 7-13 所示。

图 7-13　中国（威海）国际船艇、房车暨钓具用品展

附录 A 船舶与海洋工程领域专业学位研究生培养方案

一、培养定位及目标

（一）船舶与海洋工程领域培养船舶与海洋工程行业基础扎实、素质全面、工程实践能力强并具有一定创新能力的应用型、复合型高层次工程技术和工程管理人才，并与本领域任职资格具有一定的关联性，具体要求为：

1. 拥护中国共产党的领导，热爱祖国，遵纪守法，具有服务国家和人民的高度社会责任感、良好的职业道德和创业精神、科学严谨和求真务实的学习态度和工作作风，身心健康。

2. 掌握船舶与海洋工程领域坚实的基础理论和宽广的专业知识，熟悉行业相关规范，在领域的某一方向具有独立担负工程规划、工程设计、工程实施、工程研究、工程开发、工程管理等专门技术工作的能力，具有良好的职业素养。

（二）船舶与海洋工程领域设船舶与海洋结构物设计制造、游艇邮轮工程、船舶电子电气与轮机工程方向，具体研究内容为：

1. 船舶与海洋结构物设计制造

以船舶与海工装备设计、制造为应用领域，重点围绕船舶性能、优化设计与可靠性、先进制造技术、数字化设计与仿真技术等内容开展研究。

2. 游艇邮轮工程

以游艇造型、游艇内装设计为应用领域，重点围绕游艇邮轮造型设计、内装设计、新技术、新工艺、数字化设计与仿真技术、游艇邮轮结构优化设计等内容开展研究。

3．船舶电子电气与轮机工程

以船舶综合自动化、现代轮机管理为应用领域，重点围绕船舶电气装备研发、船舶自动控制技术、通信与导航技术、信息处理技术、船舶综合节能和环保技术、轮机故障诊断与预测技术等内容开展研究。

二、学习方式及修业年限

学校全日制专业学位硕士研究生规定标准学制为 3 年，研究生可以分阶段完成学业，学习年限最长不超过 5 年（含休学和保留学籍）。

三、培养方式及导师指导

全日制硕士研究生采用课程学习、专业实践和学位论文相结合的培养方式。

（一）其中公共课程、专业基础课程和部分选修课程在学校集中学习，校企联合课程可以在企业进行。

（二）专业实践采用集中实践和分段实践相结合的方式。具有 2 年及以上企业工作经历的研究生专业实践时间应不少于 6 个月，其他研究生专业实践时间应不少于 1 年。

（三）学位论文研究工作一般应与专业实践相结合，时间不少于 1 年，论文选题应来源于工程实际或者具有明确的工程应用背景。

（四）学校积极开展校企联合培养，充分调动企业积极性，吸收企业优质教育资源参与研究生教育体系，发挥企业在人才培养中的重要作用，推动产学结合、协同育人，提高培养质量。

（五）学校建立以工程能力培养为主的导师组，加强研究生培养全过程的指导。导师组由学校具有较高学术水平和丰富指导经验的教师，以及企业具有丰富工程实践经验的专家组成，企业导师主要参与实践过程、课程与论文等环节的指导工作。

（六）研究生在学期间，至少取得下列成果之一：

（1）发表1篇论文或授权1项专利或编写1本教材、专著（排名第一或导师排名第一、研究生排名第二）。

（2）获得省级及以上大赛奖励。

（3）参加学术会议并作会议报告。

四、课程设计及学分要求

学校对研究生课程设置以工程需求为导向，以综合素养和工程能力培养为核心；课程内容强调理论与实践结合，满足了船舶与海洋工程行业需求。

课程总学分（包含专业实践）不少于41学分，其中课程学习不少于32学分。

课程设置框架和必修环节：

（1）公共课程：政治理论、工程伦理、外语等。

（2）专业基础课程：数学类课程、船舶与海洋工程领域基础课程。

（3）选修课程：船舶与海洋工程领域专业技术类课程。

（4）必修环节：专业实践、学术活动。

同等学力或跨专业攻读工程硕士学位的研究生，应补修本领域本科阶段的主干课程2~3门，成绩不计入总学分，具体课程安排由培养学院确定。

课程类别	课程编号	课程名称	学时	学分	开课学期	学位课	是否校企联合课程	授课学院	备注
公共课	28112041	中国特色社会主义理论与实践研究	36	2	1	是		社科部	各方向必修（6门）
	28112042	英语	54	3	1	是		外国语学院	
	28112044	自然辩证法概论	18	1	1			社科部	
	28112045	知识产权	18	1	1			交通法学院	
	28112046	信息检索	18	1	1			图书馆	
	28112047	工程伦理	18	1	1			学科与研究生处	

续表

课程类别	课程编号	课程名称	学时	学分	开课学期	学位课	是否校企联合课程	授课学院	备注
专业基础课	28112043	数值分析	54	3	1	是		理学院	各方向必修（4门）
	28112054	船舶与海洋工程基础	36	2	1	是		船舶与轮机工程学院	
	28112055	船舶电气设备与系统	36	2	1	是		信息科学与电气工程学院	
	28112056	轮机工程基础	36	2	1	是		船舶与轮机工程学院	
	26121050	计算机辅助船艇设计制造	36	2	2			船舶与轮机工程学院	船舶与海洋结构物设计制造（必修不少于3门）
	26121051	船舶与海洋结构物先进制造技术	36	2	2		是		
	26121052	涂装先进技术	36	2	2	是			
	26121053	船舶与海洋结构物先进设计方法与技术	36	2	2				
	26121054	船舶计算结构力学	36	2	2				
	26121050	计算机辅助船艇设计制造	36	2	2			船舶与轮机工程学院	游艇邮轮工程（必修不少于3门）
	26121051	船舶与海洋结构物先进制造技术	36	2	2		是		
	26121052	涂装先进技术	36	2	2	是			
	26121055	游艇结构分析与造型设计	36	2	2				
	26121056	船艇复合材料与建造工艺	36	2	2				

续表

课程类别	课程编号	课程名称	学时	学分	开课学期	学位课	是否校企联合课程	授课学院	备注
专业基础课	08121050	电路与系统理论	36	2	2			信息科学与电气工程学院	船舶电子电气与轮机工程(必修不少于3门)
	08121051	信号与信息处理	36	2	2				
	08121052	船舶智能控制理论	36	2	2	是			
	26121057	轮机管理工程	36	2	2			船舶与轮机工程学院	
	26121058	船舶防污染与控制技术	36	2	2	是			
	26121059	动力装置原理与设计方法	36	2	2				
选修课	26121060	高性能船舶	36	2	2			船舶与轮机工程学院	船舶与海洋结构物设计制造(选修不少于4门)
	26121061	船舶计算流体力学		2	2				
	26121062	船舶新技术应用	36	2	2		是		
	26121063	有限元分析应用	36	2	2				
	26121064	船舶动力装置节能技术	36	2	2		是		
	26121062	船舶新技术应用	36	2	2		是	船舶与轮机工程学院	游艇邮轮工程(选修不少于4门)
	26121063	有限元分析应用	36	2	2				
	26121065	船艇美学与内装设计	36	2	2				
	26121066	游艇邮轮发展史与设计评价	36	2	2				
	26121067	游艇邮轮新技术	36	2	2		是		
	08121053	物联网技术与应用	36	2	2			信息科学与电气工程学院	船舶电子电气与轮机工程(选修不少于4门)
	08121054	工业控制组态及总线技术	36	2	2		是		
	08121055	通信与导航	36	2	2				
	08121056	嵌入式系统	36	2	2				
	08121057	电路设计与制版	36	2	2				
	08121058	CAD绘图	36	2	2				
	08121059	交流调速系统与变频器应用	36	2	2				

续表

课程类别	课程编号	课程名称	学时	学分	开课学期	学位课	是否校企联合课程	授课学院	备注
选修课	26121068	高等工程热力学	36	2	2			船舶与轮机工程学院	
	26121069	轮机故障诊断技术	36	2	2				
	26121070	船舶监控技术	36	2	2				
	26121071	轮机可靠性与维修性	36	2	2		是		
补修课程	沿用本科课程编号	游艇设计与制造	32		1~2			船舶与轮机工程学院	同等学力、跨专业必选
		船体结构	32		1~2				
		船体制图	48		1~2				
		通信原理	56		1~2			信息科学与电气工程学院	
		电机与拖动	64		1~2				
		自动控制技术与应用	48		1~2				
		轮机维护与修理	48		1~2			船舶与轮机工程学院	
		轮机概论	32		1~2				
		轮机自动化	40		1~2				
必修环节	28112048	专业实践	1 年	8	3~4				
	28112049	学术活动		1	1~5				不少于6次

五、专业实践

专业实践安排在第 3~4 学期，研究生直接参与企业工程项目或科研工作。校内、外导师应为研究生制订详细的工程实践计划，指导其开展实践学习。实践期满后研究生要撰写实践报告等材料，实践报告要有一定深度和见解，实践成果能直接服务于实践单位或实际工程的计划开发、技术改造、生产提高、相关规章制度建设等。实践单位、导师和二级学院审核评定实践表现并给出相应实践考核成绩，成绩合格及以上的，获得相应实践学分。

六、学术活动

研究生应积极参加学术活动，了解本领域发展动向，开阔视野，培养创新精神。研究生至少参加 6 次学术活动，并写出心得体会。

七、学位论文

（一）论文选题

论文选题应直接来源于船舶与海洋工程生产实际或具有明确的船舶与海洋工程背景，其研究成果要有实际应用价值，拟解决的问题要有一定的技术难度和工作量，可以是一个完整的工程技术项目的设计或研究课题，或者是技术攻关、技术改造专题，又或者是新工艺、新设备、新材料、新产品的研制与开发等。

（二）论文开题

完成论文选题后应进行开题报告，开题报告一般在第三学期结束前完成。开题报告一般包括：选题的来源与工程背景；研究内容的发展现状、拟解决的工程问题；研究目标、研究内容；研究的技术路线和进度安排；研究成果的预期工程价值等。

（三）论文要求

论文工作须在导师指导下由研究生本人独立完成，满足相应的技术要求和较充足的工作量，体现作者综合运用科学理论、方法和技术手段解决工程问题的能力，论文具有一定先进性和实用性，取得了较好的成效。

论文可以采用产品研发、工程规划、工程设计、应用研究、工程/项目管理、调研报告等多种形式。研究生在导师指导下选择一种论文形式。

学位论文撰写要求概念清晰、层次分明，用词准确、文字通畅，数据可靠，引用他文应明确标注，论文字数一般不少于 3 万字。

八、学位论文答辩

（一）研究生完成培养方案中规定的所有环节，获得培养方案规定的学分，成绩合格，方可申请论文答辩。

（二）论文预答辩。研究生在完成学位论文初稿后，经导师审核认为符合要求的，研究生所在学院需组织 3～5 名本学科专家进行预答辩，未参加预答辩或预答辩未通过者不得参加学位论文正式答辩。

（三）论文重复率检测。研究生学位论文必须进行论文重复率检测，重复率高于 20% 的需在导师指导下进行论文修改，重复严重者需重写论文并推迟半年或一年参加答辩申请。

（四）论文评阅。研究生的学位论文必须由本领域或相关领域 2～3 名专家评阅，应聘请相关的企业专家参加评阅，论文评阅通过后可以参加论文答辩。

（五）论文答辩。二级学院组织 3～5 名本领域或者相关领域的专家组成答辩委员会，其中校外专家 2 名，应聘请相关的企业专家参加答辩，答辩委员会主席必须由校外专家担任，经答辩委员会全体成员的 2/3 以上（含 2/3）同意为通过。学位论文答辩要严肃认真，做到公正、公开、严格。

九、学位授予

研究生修满规定学分，并通过学位论文答辩，经学校硕士学位评定委员会审核批准后，授予船舶与海洋工程硕士专业学位。

十、其他

本培养方案从 2018 级全日制硕士专业学位研究生开始执行，由学科与研究生处负责解释。

附录 B　研究生导师岗位管理办法

第一章　总则

第一条　为进一步加强研究生指导教师队伍建设，充分发挥研究生培养单位和研究生指导教师的积极性、主动性和创造性，提高研究生培养质量，根据国务院学位委员会和教育部有关文件精神，结合我校实际，制订本办法。

第二条　研究生指导教师（以下简称导师）岗位是为指导和培养研究生专门设立的工作岗位。导师岗位设置须与各培养单位的研究生教育的实际需要相结合，按需设岗，动态管理。

第三条　导师应优先从具有博士学位的优秀中、青年专家、学者中选聘。

第四条　导师任职条件按照《山东交通学院硕士研究生导师聘任管理办法》（鲁交院研发〔2012〕1号）文件中研究生导师的基本条件执行。

第二章　导师职责

第五条　在学科与研究生处和二级学院组织下，参与我校研究生入学考试命题、评卷、复试、录取等工作。

第六条　参与制订本学科（专业）研究生培养方案，指导研究生制定个人培养计划并督促其实施。

第七条　承担研究生课程教学或学术专题讲座，拓宽研究生学术视野；探索科学的教学方法，不断提高教学质量。

第八条　指导研究生进行科学研究，辅导研究生阅读本学科（专业）研究领域国内外文献资料，积极为研究生参加学术会议、发表科研成果创造条件。

第九条　全面负责研究生学位论文工作，指导研究生毕业调查、学位论文选题、开题报告撰写、学位论文写作等，对研究生学位论文质量承担指导责任。

第十条 合理支配研究生业务费并切实用于指导研究生，经费不足由本人科研经费补贴，同时应注意节约，杜绝不合理的开支。

第十一条 重视对研究生的思想政治、道德品质、学识学风的教育，协助学院做好研究生的政治思想及管理工作，引导研究生全面发展。

第十二条 关心学科（专业）点的建设，为所在学科（专业）点的发展作出积极贡献。

第十三条 开展学位与研究生教育创新与改革，不断提高研究生培养质量。认真学习并自觉遵守国家和学校有关研究生教育管理方面的规定，督促研究生切实遵照执行。

第三章　导师权利

第十四条 学校和二级学院应创造条件，积极支持导师出国进行短期访问、讲学，进行合作研究或参加国际学术会议。鼓励和支持导师及其研究生发表学术论文、申请专利等。

第十五条 研究生公开发表论文、申请专利时，导师及其他主要参与者可以署名。

第十六条 导师指导研究生的工作量属于教学工作量，由二级学院按《山东交通学院研究生教学和研究生指导工作量及酬金计算暂行办法》（鲁交院研发〔2012〕10号）文件中"导师指导研究生工作量计算"部分内容执行。

第十七条 学校设立"优秀研究生学位论文指导奖"，对获得山东省优秀学位论文的研究生导师当年给予表彰并发放奖金5000元。

第四章　导师聘任

第十八条 导师资格审批工作原则上每年9月份进行，以《山东交通学院硕士研究生导师聘任管理办法》（鲁交院研发〔2012〕1号）文件为依据，结合专业学位硕士点建设和招收研究生数量开展遴选审批工作。

第十九条　实行导师聘任制,每一聘期为 3 年,在聘期内履行导师的职责和权利。

第二十条　导师与研究生实行双向选择。研究生提出申请,导师同意后,经二级学院审批,学科与研究生处备案,确定指导和被指导关系。

第二十一条　研究生导师严格按照《山东交通学院硕士研究生导师聘任管理办法》(鲁交院研发〔2012〕1 号)中"研究生导师管理"部分要求执行。

第五章　导师考核

第二十二条　学校对研究生导师实行动态管理,导师的考核在学科与研究生处指导下进行。

第二十三条　考核分为年度考核和聘任期满考核。年度考核为每年 12 月份考核;聘任期满考核是指从获得导师资格日始满三年后考核一次。当年取得研究生导师资格的新增导师不参加当年年度考核;所有在岗的研究生导师均应接受聘任期满考核。

第二十四条　年度考核主要检查和考核导师的教学科研、研究生培养等情况,由学院组织实施。聘任期满考核由学科与研究生处组织,所在学院实施具体考核工作。硕士学位评定委员会负责全校研究生导师聘任期满考核结果的审查认定、导师资格的取消核准。相关材料交由学科与研究生处备案。

第二十五条　导师填写《山东交通学院硕士研究生导师年度考核表》,二级学院硕士学位评定分委员会给出考核结果(合格、不合格),考核结果为不合格的,不安排下一年度的研究生招生任务。

第二十六条　满足下列条件,年度考核结果为合格:

1. 按规定时间和要求制定研究生个人培养计划。

2. 平均每周指导(或委托有明确的梯队成员协助指导)研究生至少 1 次。

3. 有本人负责的在研科研项目;当年本人可供支配的经费不少于 2 万元;有培养研究生的基本学习和实验条件。

4. 指导的研究生通过当年培养阶段的中期考核、论文评审或学位论文答辩。

第二十七条　师德考核不合格的，或未达到第二十六条要求，或研究生学位论文中存在重大原则性错误或明显剽窃行为，年度考核结果为不合格。

第二十八条　聘任期满考核主要检查和考核导师在聘期间的职责履行、科研项目、成果和经费等情况。

第二十九条　导师填写《山东交通学院硕士研究生导师考核表》并提供相关佐证材料交学院硕士学位评定分委员会。

第三十条　硕士学位评定分委员会按照《山东交通学院硕士研究生导师聘任管理办法》（鲁交院研发〔2012〕1 号）文件中"研究生导师的基本条件""研究生导师的职责"部分内容要求和导师授课及指导研究生执行情况等方面进行考核，并将考核材料和考核结果报学科与研究生处复查。无故不参加考核的，视为其自动放弃导师资格。

第三十一条　聘任期满的考核结果分为优秀、合格、不合格，其中优秀的比例不超过参加考核人数的 15%。对考核优秀的导师，学校授予"优秀硕士生导师"称号，并发放奖金 2000 元；对考核合格的导师，学校继续聘任；对考核不合格的导师，根据具体情况，停止其下一年度招生或取消其研究生导师任职资格。

第三十二条　有以下情况之一者，应暂停招收研究生：

1. 不认真履行导师职责，不执行研究生培养有关规章制度（如不按培养方案规定或不按时制定研究生培养计划的），经劝告而无效的；

2. 连续两届因选题不当或课题不稳定，中途改变题目，以致研究生不能按时毕业的；

3. 因公、因私出差或出国离校六个月以上者；

4. 因健康原因或其他原因在研究生论文工作期间内不能履行导师职责的。

第三十三条　导师因下列情况之一者，由学科与研究生处报请学校硕士学位评定委员会批准取消其导师资格：

1. 不认真履行导师职责，不能保证研究生培养质量，并造成恶劣影响的；

2. 师德考核不合格的；

3. 在双向选择中连续 2 年未被研究生选作导师的（本专业研究生人数不足

除外）；

4. 所指导研究生硕士学位论文在 3 年内累计两人次没有通过"双盲"评审的或论文评阅的；

5. 所指导研究生硕士学位论文经省学位办学位论文抽查中出现问题的；

6. 本人有违反学术道德的行为的；

7. 指导的研究生论文及研究工作有剽窃等重大错误行为的。

第三十四条 被取消导师资格者，3 年内不得重新申请导师资格。重新申请导师资格时，需按新增研究生导师遴选程序审批。

第六章 其他

第三十五条 导师资格终止后，其导师待遇相应取消，其所指导的尚未毕业的研究生由所在学院分配给其他导师指导，并给该导师发放一定的酬金。如因该研究生所做课题其他导师无法指导，则由该导师协助指导直到该研究生毕业。

第三十六条 本办法由学科与研究生处负责解释，自印发之日起实施。

附录 C　研究生副导师聘任与管理办法

第一条　为加强我校专业学位研究生的培养，提高研究生培养质量，充分发挥中青年专家在研究生培养中的作用，建设一支具有较高学术水平、结构层次合理的研究生指导教师队伍，制订本办法。

第二条　副导师聘任基本原则：各领域方向根据导师梯队建设需要聘任副导师，副导师辅助导师开展研究生的政治思想和培养管理工作。

第三条　研究生副导师基本条件：

（一）坚持四项基本原则。

（二）作风正派，治学严谨，为人师表，教书育人。

（三）原则上具有博士学位。

（四）年龄一般在 45 岁以下。

（五）在本学科、专业有较高学术水平。并具备下列条件之一：

1. 近三年中发表 SCI、EI、ISTP 收录论文 1 篇（第一作者）或中文核心期刊论文 2 篇（第一作者）；

2. 近三年中出版学术专著、统编教材 1 部（排名前 2 位）；

3. 近三年中获授权国家发明专利 1 项（排名前 2 位）；

4. 近三年中获得国家级科技成果奖励或省部级科技成果奖励（排名前 3 位）或市厅级科技成果奖励（排名第 1 位）；

第四条　聘任研究生副导师工作程序：

1. 研究生副导师审批工作原则上每年在师生双选之后进行，研究生导师提出推荐名单，经研究生本人认可后，被推荐人向二级学院提出申请并填写《山东交通学院研究生副导师审批表》。

2. 二级学院硕士学位评定分委员会审批并公布，将研究生副导师审批表报学科与研究生处备案。

第五条 研究生副导师职责：

1. 副导师协助导师按照该专业研究生培养方案的要求对研究生培养和学位论文等环节进行指导，履行指导教师的职责，完成导师委托的具体指导工作。

2. 副导师应及时向导师和研究生主管部门反映研究生政治思想、业务学习、课堂研究和生活等方面情况，提出建议和意见。

第六条 研究生副导师权利：

1. 在导师遴选和增选中，优先考虑具有副导师经历的中青年教师晋升为导师。

2. 副导师指导研究生的工作量属于教学工作量，由二级学院参考导师工作量认定及发放。

第七条 附则：

1. 副导师如不能履行其职责，导师有权向所在二级学院硕士学位评定分委员会提出解聘意见，报学科与研究生处备案。

2. 本办法由学科与研究生处负责解释，自印发之日起实施。

附录 D 研究生专业实践管理办法

第一章 基本要求

第一条 为加强研究生实践管理，提高研究生实践能力，确保专业学位研究生培养质量，特制定本办法。

第二条 专业实践是研究生培养的必修环节，目的是培养研究生的创新探索精神，锻炼提升研究生综合运用所学知识技能进行独立工作的能力。

第三条 专业实践要有明确的任务要求和考核指标，实践成果能够反映研究生在工程能力和工程素养方面取得的成效。

第四条 专业实践一般安排在第 3~4 学期进行，时间原则上不少于 1 年，具有 2 年及以上企业工作经历的研究生专业实践时间不少于 6 个月。

第二章 专业实践组织

第五条 二级学院负责组织研究生专业实践工作，由学院与研究生导师根据该专业培养要求，结合社会行业需求，具体明确实践任务，落实实践单位和校外指导教师。

第六条 研究生选择的校外导师必须是学校已聘任的企业或科研院所单位的专业技术人员。

第七条 专业实践应体现集中实践与分段实践相结合、专业实践与论文工作相结合的原则，研究生直接参与企业工程项目或科研工作，可采取以下多种方式进行：

（一）二级学院统一选派和组织研究生去实践单位进行专业实践。

（二）依托校内导师承担的科研课题，安排研究生到对口企业进行专业实践；

（三）确有工作单位的研究生经二级学院批准可回原单位进行专业实践。

第三章　专业实践流程

第八条　研究生第 2 学期与导师一起制订填写专业实践计划表和校外导师互选表，二级学院批准后报学科与研究生处备案。未经导师、学院同意的专业实践活动不记实践学分。二级学院和研究生签订实践安全责任书，并为研究生购买实践期间的保险。

第九条　研究生进入实践单位 3 个月后，各二级学院组织实践中期检查，检查研究生实践学习工作情况，遵守纪律及导师指导情况等内容。

第十条　专业实践期间，校内外导师应定期沟通，掌握研究生实践状况，对于发现的问题及时给予指导。

第四章　专业实践考核

第十一条　专业实践结束后，研究生对实践情况进行总结和提炼，撰写不少于 5000 字的实践总结报告，实践报告要有一定深度和见解，实践成果应为能直接服务于实践单位或实际工程的技术开发、技术改造、生产提高、相关规章制度建设等，实践单位、导师和二级学院审核评定实践表现并给出相应成绩。

第十二条　专业实践的最终成绩按照优秀、良好、合格、不合格等级评定，合格及以上的研究生获得相应实践学分，考核不合格的，不记学分，不得申请学位论文答辩，并由本人向所在二级学院提出书面申请，经批准后，重新进行专业实践。

第五章　其他

第十三条　本办法自 2017 级研究生实施，原《山东交通学院全日制专业学位硕士研究生实践教学管理办法》（鲁交院研发〔2013〕3 号）同时废止。

第十四条　本办法由学科与研究生处负责解释。

附录 E　关于全面落实研究生导师立德树人职责的实施意见

研究生教育是培养高层次专门人才的重要途径，研究生导师肩负着培养高层次创新人才的使命与重任。为贯彻全国高校思想政治工作会议精神，努力造就一支有理想信念、道德情操、扎实学识、仁爱之心的研究生导师队伍，全面落实教育部《关于全面落实研究生导师立德树人职责的意见》（教研〔2018〕1 号），提出如下实施意见。

一、指导思想

高举中国特色社会主义伟大旗帜，以习近平新时代中国特色社会主义思想为指导，全面贯彻党的教育方针，把立德树人作为研究生导师的首要职责，为经济社会发展和交通行业发展培养德才兼备、全面发展的高层次交通类专门人才。

二、总体要求

落实导师是研究生培养第一责任人的要求，坚持社会主义办学方向，坚持教书和育人相统一，坚持言传和身教相统一，坚持潜心问道和关注社会相统一，坚持学术自由和学术规范相统一，以德立身、以德立学、以德施教。遵循研究生教育规律，创新研究生指导方式，潜心研究生培养，全过程育人、全方位育人，做研究生成长成才的指导者和引路人。

三、全面落实研究生导师基本素质要求

1. 政治素质过硬。坚持正确的政治方向，拥护中国共产党的领导，不断提高

思想政治觉悟；贯彻党的教育方针，严格执行国家教育政策，坚持教育为人民服务，为中国共产党治国理政服务，为巩固和发展中国特色社会主义制度服务，为改革开放和社会主义现代化建设服务；自觉维护祖国统一、民族团结，具有高度的政治责任感，将思想教育与专业教育有机统一，成为社会主义核心价值观的坚定信仰者、积极传播者、模范实践者。

2. 师德师风高尚。模范遵守教师职业道德规范，为人师表，爱岗敬业，以高尚的道德情操和人格魅力感染、引导学生，成为先进思想文化的传承者和社会进步的积极推动者；谨遵学术规范，恪守学术道德，自觉维护公平正义和风清气正的学术环境；科学选才，规范招生，正确行使导师权力，确保招生录取公平公正；有责任心和使命感，尽职尽责，确保足够的时间和精力及时给予研究生启发和指导；有仁爱之心，以德育人，以文化人。

3. 业务素质精湛。具有深厚的学术造诣和执着的学术追求，关注社会需求，推动知识文化传承发展；熟悉研究生招生政策，胜任研究生招生考试工作。秉承先进教育理念，重视课程前沿引领，创新教学模式，丰富教学手段；不断提升指导能力，着力培养研究生创新能力，实现理论教学与实践指导之间的平衡，助力研究生成长成才。满足《山东交通学院硕士研究生导师聘任管理办法》（鲁交院研发〔2016〕7号）等文件要求的硕士研究生指导教师遴选标准。

四、全面落实研究生导师立德树人职责

1. 提升研究生思想政治素质。引导研究生正确认识世界和中国发展大势，正确认识中国特色和国际比较，正确认识时代责任和历史使命，正确认识远大抱负和脚踏实地；树立正确的世界观、人生观、价值观，坚定为共产主义远大理想和中国特色社会主义共同理想而奋斗的信念，成为德智体美劳全面发展的高层次专门人才。

2. 培养研究生学术创新能力。按照因材施教和个性化培养理念，积极参与制订执行研究生培养计划，统筹安排实践与科研活动，强化学术指导；定期与研究生沟通交流，指导研究生确定研究方向，深入开展研究；营造和谐的学术环境，

培养研究生的创新意识和创新能力，激发研究生创新潜力；引导研究生跟踪学科前沿，直面学术问题，开拓学术视野，在学术研究上开展创新性工作。

3. 培养研究生实践创新能力。鼓励研究生积极参加国内外学术和专业实践活动，指导研究生发表各类研究成果，培养研究生提出问题、分析问题和解决问题的能力，强化理论与实践相结合；支持和指导研究生将科研成果转化应用，推动产学研用紧密结合，提升创新创业能力。达到《山东交通学院全日制专业学位硕士研究生实践教学管理办法》（鲁交院研发〔2013〕3 号）文件中对实践指导的要求。

4. 增强研究生社会责任感。鼓励研究生将个人的发展进步与国家和社会的发展需要相结合，为国家富强和社会发展贡献智慧和力量；支持和鼓励研究生参与各种社会实践和志愿服务活动，在服务人民与奉献社会的过程中实现自己的人生价值；培养研究生的国际视野和家国情怀，积极参与国际交流与合作，努力成为中华文明走向世界的积极推动者。

5. 指导研究生恪守学术道德规范。培养研究生严谨认真的治学态度和求真务实的科学精神，自觉遵守科研诚信与学术道德，自觉维护学术事业的神圣性、纯洁性与严肃性，杜绝学术不端行为；在研究生培养的各个环节，强化学术规范训练，加强职业伦理教育，提升学术道德涵养；培养研究生尊重他人劳动成果，提高知识产权保护意识。

6. 优化研究生培养条件。根据不同学科、类别的研究生培养要求，积极为研究生的学习和成长创造条件，为研究生开展科学研究提供有利条件；鼓励研究生参与各种社会实践和学术交流；积极创设良好的学术交流平台，增加研究生参与社会实践和学术交流的机会；鼓励研究生积极参与课题研究，并根据实际情况，为研究生提供相应的经费支持。

7. 注重对研究生人文关怀。要加强人文关怀和心理疏导，加强校规校纪教育，把解决思想问题同解决实际问题结合起来，了解学生成长环境和过程，在关心帮助研究生的过程中做好教育和引导工作。加强与研究生的交流与沟通，建立良好的师生互动机制，关注研究生的学业压力，营造良好的学习氛围，提供相应的支持和鼓励，保护研究生合法权益；关注研究生的就业压力，引导研究生做好职业生涯规划，关心研究生生活和身心健康，不断提升研究生敢于面对困难挫折的良好心理素质。

五、健全评价激励机制

1. 完善评价考核机制。坚持立德树人，把教书育人作为研究生导师评价的核心内容，突出教育教学业绩评价，将人才培养中心任务落到实处。制订研究生导师立德树人职责考核办法，以年度考核为依托，坚持学位委员会评价、教学督导评价、研究生评价和导师自我评价相结合，建立科学、公平、公正、公开的考核体系。具体考核指标参照《山东交通学院师德考核实施办法》（鲁交院党发〔2015〕81 号）文件执行。

2. 明确表彰奖励机制。研究生导师立德树人评价考核结果将作为人才引进、职称评定、职务晋升、绩效分配、评优评先的重要依据，充分发挥考核评价的鉴定、引导、激励和教育功能。强化示范引领，对立德树人成绩突出的研究生导师，给予表彰与奖励，推广优秀导师、优秀团队的成功经验。具体奖励措施参照《山东交通学院关于建立健全师德建设长效机制的实施方案》（鲁交院党发〔2015〕82 号）执行。

3. 落实督导检查机制。研究生导师立德树人职责落实情况纳入教学督导范畴，加强督导检查。对于未能履行立德树人职责的研究生导师，视情况采取约谈、限招、停招、取消导师资格等处理措施；对有违反师德行为的，实行一票否决，违反法律法规的，依法依规给予相应处理。

六、强化组织保障

1. 加强组织领导。以上级相关文件为依据，优化管理，强化服务，加强宏观指导；统筹协调各方资源，切实保障各项投入，为研究生导师队伍建设积极创造条件；强化督导检查，确保政策落实；突出制度建设，形成落实导师立德树人职责的长效机制。

2. 全面贯彻落实。制定和完善相关规章制度，强化落实，确保实效；安排专项经费用于导师队伍建设，定期组织交流、研讨，提升导师学术研究水平和研究生指导能力；尊重和保障导师自主性，维护和规范导师在招生、培养、资助、学术评价等环节中的权利；保障导师待遇，加强导师培训，支持导师参加学术交流活动和行业企业实践，逐步实现学术休假制度；改善导师治学环境，提供必要的工作场所、实验设施等条件；积极听取导师意见，营造良好校园文化环境，提升导师工作满意度。

3. 全员共同关心协同参与。积极营造尊师重教的良好氛围，动员全体师生员工关心导师队伍建设；大力宣传导师立德树人先进典型，加强榜样示范教育；倡导共同关心、协同参与，促进导师立德树人工作机制的常态化、科学化。

附录 F 硕士研究生导师聘任管理办法

为加强硕士研究生指导教师（以下简称研究生导师）队伍建设，保证研究生培养质量，根据国务院学位委员会和教育部有关文件精神，结合我校实际情况，制定本办法。

一、聘任基本原则

（一）研究生导师是指导和培养硕士研究生的重要工作岗位，聘任研究生导师应坚持按需评聘的原则。

（二）聘任研究生导师要有利于提高学科建设水平，有利于优化师资队伍结构，有利于提高硕士研究生培养质量。

（三）聘任研究生导师要坚持标准，做到公开、公正、公平、合理，严格聘任程序，保证导师队伍质量。

二、基本条件

（一）热爱研究生教育事业，熟悉国家有关研究生教育的政策法规，教书育人，为人师表，具有高尚的职业道德，严谨的治学态度，能认真履行导师职责，身体健康。

（二）应具有硕士及以上学位、副教授（或相当）及以上专业技术职务，具备指导研究生的水平和能力，并保证每年有 6 个月以上的时间指导研究生，年龄原则上不超过 55 周岁。

（三）有比较丰富的教学经验和工程实践经验，有系统的专门知识，有相对稳定的与研究生培养相关的研究方向，能够为研究生开设专业必修课和反映学科前沿动态的选修课。

（四）有较高的学术水平和较丰富的科研工作经验，在本学科内进行比较系统的科学研究工作，取得较高水平的科研成果。并具备下列基本条件之一：

1. 近三年中发表 SCI、EI 收录期刊论文 2 篇（第一作者或通讯作者），或中文核心期刊论文 3 篇（第一作者或通讯作者）；

2. 近三年中出版学术专著、全国统编教材 2 部（排名第 1 位）；

3. 近三年中获授权国家发明专利 2 项（排名第 1 位）；

4. 近三年中获得国家级科技成果奖励（排名前 5 位）或省部级科技成果奖励（排名前 3 位）或市厅级科技成果奖励（排名第 1 位）；

5. 第 1、2、3 款中所列论文、专著（教材）、专利共计 2 篇（部、项）。

（五）有在研应用性课题，个人可支配的科研经费总额不低于 5 万元（经费以学校到账为准），并具备下列条件之一：

1. 参加国家级科研课题，且排名前 3 位；

2. 参加省（部）级科研课题，且排名前 2 位；

3. 主持市（厅）级科研课题；

4. 主持单项 5 万元以上的横向委托科研课题。

（六）有一定的与所申报专业相关的实际部门工作或实践经历，主持或参与过相应专业学位行业领域相关的课题研发，具有所属专业学位领域较强的职业素质和解决实际问题、实践技术的能力，能独立指导专业学位研究生进行实践活动和学位论文工作。

三、工作程序

（一）研究生导师资格审批工作原则上每年进行一次，凡符合我校研究生导师基本条件者，由本人向所在培养学院提出申请，填写《山东交通学院硕士研究生指导教师审批表》《山东交通学院硕士研究生导师聘任条件量化考核表》，并提供有关证明材料。

（二）各培养学院学位评定分委员会按照新增研究生导师的基本条件对申请人的申报材料进行量化考核，按所在学院导师总人数与在校研究生总数 1:1～1:2 比例进行核定并动态调控，择优推荐新增人员或退出（解聘）人员，在审批表上签署推荐意见，连同量化考核表一并提交学科与研究生处。

（三）二级学院硕士学位评定分委员会应建立研究生导师动态调整机制和聘期期满考核复审机制。对具备研究生导师资格但因各种原因不宜再继续担任研究生导师或者聘任期满后不再续聘的人员，经培养学院硕士学位评定分委员会研究同意，可予以退出或解聘，填写《山东交通学院硕士研究生导师退出（解聘）审批表》，连同新增导师审批资料一并提交学科与研究生处。

（四）学科与研究生处对二级学院硕士学位评定分委员会推荐的研究生导师候选人材料进行汇总，按照上文提出的"研究生导师的基本条件"及生师比进行审查合格后，连同研究生导师退出（解聘）资料，一并上报分管校长审核，由学校硕士学位评定委员会评审或核准。

（五）硕士学位评定委员会对申请人材料进行综合评议，获得硕士学位评定委员会委员三分之二以上同意者为通过；硕士学位评定委员会主席签署意见后，由学校公布增补的研究生导师名单，确认研究生导师资格。对退出（解聘）的研究生导师，经硕士学位评定委员会核准，由学校公布免去研究生导师资格。

（六）新调入我校的具有研究生导师资格的教师，如为我校研究生导师紧缺的专业领域或方向，可由所在二级学院硕士学位评定分委员会推荐，经分管校长批准，暂时担任研究生导师，待新一轮导师聘任时按照聘任的工作程序，正式确认其导师资格。

（七）对研究生导师紧缺专业领域或方向，研究生导师聘任基本条件可适当放宽。

（八）主持国家级科研项目或省部级重大科研项目者，或省部级二等奖以上获得者（首位），或参与重大工程项目或产学研项目，或学科（学术）带头人可优先选聘。

（九）校外研究生导师和副导师的聘任管理办法另文规定。

四、研究生导师职责

（一）按学校硕士研究生培养需要指导研究生，并对相关学科领域开设硕士研究生课程。

（二）指导研究生的培养全过程。对研究生的课程学习、教学实践、生产实习、科研和论文撰写等工作给予指导和检查督促，切实保证培养计划的落实。

（三）应协助相关部门，开展招生宣传工作，并介绍、推荐所指导的研究生到相关工作单位实践、就业。

（四）对所指导的研究生培养质量负责，对研究生在政治上、业务上严格要求，努力培养德、智、体全面发展的高层次专门人才。

（五）应履行协助相关部门做好研究生日常管理工作的责任与义务，主动关心其学习和生活情况。

五、管理办法

（一）研究生导师必须严格遵守《山东交通学院硕士研究生指导教师聘任管理办法》，经聘任后上岗，聘期 3 年。

（二）每位研究生导师原则上只能在一个专业或一个研究方向担任指导工作。如果确需担任两个专业或两个研究方向的指导工作，本人应在这两个研究领域均有学术成果，且能实际指导研究生，并经培养学院学位评定分委员会及学科与研究生处推荐、分管校长核准，向硕士学位评定委员会主席报备。

（三）每位研究生导师每届指导的研究生人数一般不超过 2 人。

（四）研究生导师应妥善安排并保质保量完成所承担的指导研究生的任务。离校连续三个月以上（不含寒暑假）者，应事先落实离校期间对指导研究生工作的安排，经培养学院责任人审核并签署意见后报学科与研究生处备案。

（五）调离我校的研究生导师，办理调离手续后不再安排其指导研究生的工作。若调离者拟继续担任研究生导师的，可由本人提出书面申请，经所在培养学院学位评定分委员会同意，聘任其担任兼职研究生导师，并报学科与研究生处备案；调离后不再聘任的导师，其指导的研究生可由所在培养学院另行指定其他导师指导。

（六）研究生导师的退职年龄与国家和学校规定的相应职称的退休年龄相

同。对于已办理离退休手续不再返聘的导师，其所指导的尚未毕业的研究生可由该导师继续指导，也可由所在二级学院另行指定其他导师指导。对于已到退休年龄的导师，确属研究生培养需要的，由学校及相关培养学院按有关规定办理返聘手续。

六、考核办法

（一）研究生导师每年对研究生培养职责履行情况进行总结，填写《山东交通学院硕士研究生导师年度考核表》，学科与研究生处会同相关学院（部），对其工作情况进行考核。考核结果认为不能较好履行研究生导师职责的，不安排下一年级的研究生培养任务。

（二）每完成一届学生的培养，学校将按照研究生导师基本条件及职责的履行情况进行全面考核，考核合格的继续聘任；考核不合格的不予聘任，取消研究生导师资格；考核优秀的，除继续聘任外，给予物质精神奖励。考核办法另文规定。

（三）设立"优秀研究生学位论文指导奖"，对获得省级优秀学位论文的研究生导师给予表彰和奖励。

（四）有下列情况之一者，停止其研究生指导工作或取消导师资格。

1. 连续三年无新的研究成果者；

2. 不认真履行研究生导师职责，不能保证研究生培养质量，造成恶劣影响的；

3. 在学校年度考核中考核结果为不合格或年度师德考核不合格者；

4. 受到党纪、政纪处分或刑事处分者；

5. 因身体健康原因不能实际指导研究生者。

七、其他

本办法由学科与研究生处负责解释,自发布之日起实施。

附录 G 研究生合作培养基地建设管理办法

第一章 总则

第一条 专业实践是全日制专业学位硕士研究生培养的重要环节，研究生合作培养基地是实现研究生培养目标的重要条件保障，也是"产学研一体化"合作培养高层次人才的重要形式。为加强和规范我校全日制专业学位硕士研究生合作培养基地的建设和管理工作，结合我校实际，特制订本办法。

第二条 研究生合作培养基地由学校或二级学院与相关单位协商共同建立。合作培养基地的建设和管理要遵循"按需设立、切实可行、职责明确、合作共赢"的基本原则。

第二章 研究生合作培养基地的设立

第三条 我校研究生合作培养基地应满足以下基本条件：

（一）合作培养基地的主要业务能满足相关领域或培养方向的研究生完成专业实践和实践教学任务的要求，在区域内具有一定的行业代表性。

（二）合作培养基地有一定数量能够胜任研究生实践指导的相关专业技术人员，具有适合研究生培养的科研条件和项目。

（三）合作培养基地具有长期稳定合作培养研究生和拓展合作范围的潜力。

（四）合作培养基地有完善的劳动保护、卫生安全保障制度，场所与设施能满足研究生基本生活、学习、工作的需要。

（五）合作培养基地具有一定的承载能力，每年承担至少 5 名研究生进行专业实践。

第四条 研究生合作培养基地设立程序：

（一）二级学院与拟建合作培养基地的有关单位进行初步协商与沟通，向学科与研究生处提交《山东交通学院研究生合作培养基地申请表》，并草拟协议书。

（二）实地考察。由学科与研究生处、二级学院组织相关人员到拟设立研究生合作培养基地进行必要的考察和进一步磋商。

（三）签订协议。根据实地考察结果二级学院拟定正式协议及其相关附件，经学校审核同意后，由学校与研究生合作培养基地依托单位签定协议书。

（四）挂牌设立。学校与合作培养基地依托单位签定协议书后，向合作培养基地依托单位授予"山东交通学院研究生合作培养基地"铜牌。

（五）信息服务。学科与研究生处和二级学院在网站上公布正式成立的研究生合作培养基地的相关信息。

第三章　研究生合作培养基地的日常管理

第五条　学校与研究生合作培养基地分别指定人员作为研究生专业实践环节的联系人，负责落实研究生专业实践活动计划、安排指导教师、专业实践考核等具体工作。

第六条　研究生合作培养基地根据协议书的规定，提供研究生开展专业实践活动期间所需的生活、学习、工作设施。

第七条　学校聘任合作培养单位具有丰富实践经验、一定学术水平或技术专长的专家学者作为研究生校外指导教师。校外导师应认真做好指导工作，指导研究生积极认真参与实践环节，提高研究生的综合素质和创新能力。

第八条　学校与合作培养基地根据需要建立和完善相关管理制度，加强研究生实践过程的规范化管理。二级学院与合作培养基地之间应建立定期交流制度，研究解决研究生实践过程中的具体问题，探索创新工作方式等。

第九条　研究生从学校到合作培养基地的往返交通费、校外指导教师的指导费等由学科与研究生处、研究生所在二级学院和培养基地依托单位共同协商解决。合作培养基地可以根据研究生的工作情况和单位经济状况给予研究生一定的实践劳动补助。

　　第十条　学校定期组织对培养基地进行检查考核，对未能履行协议内容的培养基地，学校将取消研究生合作培养基地资格。

　　第十一条　研究生合作培养基地的选择设立，应与研究生就业结合起来，努力建立校企合作培养、合作就业的培养用人机制。

　　第十二条　对协议到期的培养基地，双方根据实际需要和合作成效，可续签协议；未续签者取消研究生合作培养基地资格。

第四章　附则

　　第十三条　本办法自发布之日起施行，由学科与研究生处负责解释。

附录 H 本书依托教学研究项目及主要参与成员

一、依托教学研究项目

在多项教学研究项目的基础上，总结提炼形成本书。主要依托教学研究项目如表 H-1 所示。

表 H-1 依托教学研究项目

序号	时间	立项单位及项目类型	项目名称
1	2012 年 12 月	山东省教育厅 （教育科学规划课题）	面向山东船舶工业发展提供人才支持的研究
2	2012 年 5 月	山东省教育厅 （研究生教育创新计划）	船舶与海洋工程领域工程硕士"螺旋式提升"工程能力的培养模式研究
3	2014 年 4 月	山东交通学院 （应用型人才培养改革重大项目）	基于山东省船舶工业发展目标的船舶与海洋工程特色专业改革研究
4	2014 年 6 月	山东省教育厅 （研究生教育创新计划）	服务特殊需求职业能力导向工程硕士研究生培养体系建设研究与实践
5	2015 年 4 月	山东省教育厅 （研究生教育创新计划）	船舶与海洋工程领域游艇邮轮工程方向硕士研究生"项目驱动式"培养模式研究
6	2015 年 5 月	山东交通学院 （研究生教育创新项目）	船舶专业工程硕士研究生产学研基地建设与实践能力培养
7	2016 年 4 月	山东省教育厅 （研究生教育创新项目）	基于"案例教学"的船舶与海洋工程领域硕士研究生培养模式研究
8	2017 年 1 月	山东交通学院 （研究生教育创新项目）	校企合作模式下船舶与海洋工程领域硕士研究生案例教学的实践与研究

续表

序号	时间	立项单位及项目类型	项目名称
9	2017 年 4 月	山东省教育厅（研究生教育质量提升计划）	计算机辅助船舶与游艇设计制造案例库
10	2018 年 1 月	山东省教育厅（研究所导师指导能力提升计划）	校企联合发展的船舶与海洋工程研究所培养基地建设研究
11	2019 年 1 月	山东省教育厅（研究生教育质量提升计划）	强化工程应用，提升导师指导能力的专业学位研究生培养体系构建研究
12	2019 年 1 月	山东省教育厅（研究生教育质量提升计划）	船舶动力装置设计课程案例库建设
13	2018 年 9 月	山东交通学院（教学改革研究项目）	新旧动能转换背景下，船舶与海洋工程专业应用型人才培养体系研究（2018YB66）
14	2018 年 10 月	中国交通教育研究会（教育科学研究课题）	新旧动能转换背景下，船舶与海洋工程领域硕士研究生培养体系研究（交教研 1802-210）
15	2018 年 11 月	山东交通学院（"攀登计划"科研创新团队计划）	船舶与海洋工程科研创新团队（SDJTUC1802）

二、项目主要参与人员

于利民　孙洪源　高　博　彭　欣　贾风光　丁　刚　陈　哲

顾一中　朱爱民　单绍福　潘义川　房庆平　王保群　刘　瑾

屈展单　成　巍　齐广慧　许　娜　黄　雪　马　强　桂洪斌

周军伟　曹爱霞　滕　瑶　梅敬成　梅　蕾　陈占阳